未来领袖

FUTURE LEADERS

天赋神韵，你注定是领袖

辛 海◎著

中国财富出版社

华夏智库
金牌培训师
书系

图书在版编目（CIP）数据

未来领袖：天赋神韵，你注定是领袖 / 辛海著 .—北京：中国财富出版社，2014.3

（华夏智库·金牌培训师书系）

ISBN 978-7-5047-4865-2

Ⅰ.①未… Ⅱ.①辛… Ⅲ.①领导学－通俗读物 Ⅳ.① C933-49

中国版本图书馆 CIP 数据核字（2013）第 228951 号

策划编辑	刘淑娟		**责任印制**	方朋远
责任编辑	刘淑娟		**责任校对**	饶莉莉

出版发行	中国财富出版社	
社　　址	北京市丰台区南四环西路 188 号 5 区 20 号楼　邮政编码　100070	
电　　话	010-52227568（发行部）　　010-52227588 转 307（总编室）	
	010-68589540（读者服务部）　010-52227588 转 305（质检部）	
网　　址	http://www.cfpress.com.cn	
经　　销	新华书店	
印　　刷	三河市西华印务有限公司	
书　　号	ISBN 978-7-5047-4865-2/C · 0175	
开　　本	710mm × 1000mm　1/16	**版　　次** 2014 年 3 月第 1 版
印　　张	13.5	**印　　次** 2014 年 3 月第 1 次印刷
字　　数	187 千字	**定　　价** 32.00 元

自　序

人们通常将"领袖"定义为"国家、政治团体、群众组织的最高领导人"。这个含义最初是从"同类人中之杰出者"引申而来的。也就是说，精英以及各行各业的翘楚都是领袖。

"不想做将军的士兵不是好士兵。"有什么样的志向，就会有什么样的未来。我们今天站在哪个位置并不重要，关键是下一步准备迈向哪里。

上帝对每个人都是公平的，希尔顿、洛克菲勒并不比你拥有的时间多一秒钟，但为什么他们取得了令人瞩目的成就？绝大多数人自身条件并不差，也遇到过良机，却仍旧平庸一生，只能在人生的舞台上扮演无足轻重的角色——包括那些懒惰闲散的人、好逸恶劳的人、平庸无奇的人，原因都是缺乏远大志向。

对于前途不可限量的青少年而言，当领袖的远大志向对成长为领袖至关重要。有了当领袖的志向，就有了明确的生活目的、有了明确的前进方向，并能围绕实现这个目标的需要，从各个方面严格要求自己、锤炼自己，使自己成为于国家、于社会、于他人有益的栋梁之材，还能让青少年产生一种向上的追求，培养他们的坚忍和耐性，提升他们的心理素质，成为目标远大，心胸开阔，志趣高远，坦荡乐观，胜不骄，败不馁，不怕困难挫折的生活的强者。

在过去的几千年中，我们所生活的这个世界，从有形到无形，无不是在大大小小的领袖带领和推动下不断演变创新的结果。领袖在人类发展的过程中，起到了至关重要的作用，与其说人类的历史是劳动人民创造的历史，不如说是领袖带领广大劳动人民创造了历史。时至今日，"领袖"这个词已被我们传诵了一千多年，古往今来的各种杰出领袖给我们留下了深刻印象，感悟了一代又一代人，引领了各个时代的风潮。

每位父母都希望自己的孩子长大后可以成为人中龙凤，但是却鲜少意识到要从小培养孩子的领袖特征，总认为领袖特征等到孩子长大了，参加工作了，自然就会有了。然而，实际情况并非如此。这个世界上没有一件事情是容易的，获得成功的人无论是其知识，还是素质、能力，都是积累而成的，所以领袖特征的形成也要从小打好基础。父母如果着重培养孩子的领袖特征，将会让他受益匪浅，让他在无形中感到职责的重要性，并且认识到自己在群体之中的地位，使他提前感受成就感。这些不仅可以增强孩子的自信心，还会让他的各项能力得以提高，比如，语言表达能力、思维能力、组织能力等。

本书就是专为青少年和父母们而写。书中对领袖的内涵、意义和培养出领袖的良方等各个方面都进行了详细的阐述，旨在帮助青少年们成为能够为人表率的领袖。

无论你是需要确立志向、舒解压力、奋发拼搏的青少年，还是需要学习教育知识、掌握教育方法的父母，都能从书中受到启发。你会发现成为领袖并不是想象中的那么遥不可及，只要我们能从现在做起，一步一个脚印，全方位地培养出领袖气质、特质，就能够不断地完善自我、超越自我，进而成为卓越的领袖，创造出瞩目的成就。

本书能在较短的时间内出版，真诚感谢秦富洋、方光华、陈德云、刘星、曾庆学、李志起、杨勇、李高朋、孙汗青、陈春东、张旭婧、王京刚、陈宁华、王军生、蒋志操、王咏等人在制图、文字修改以及图书推广宣传方面的协助。

作　者

2013 年 12 月

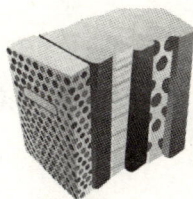

目 录

第一章

领袖：大志者的人生梦想

领袖特质与领袖气质

狭义的特质概念，指的是个性特质，也就是一个人行为中出现的规则性或趋势。广义的特质概念，包括了一个人在生理、心理、行为和观念上的所有特征。因此，领袖特质主要是指人在身心、品质、观念和行为上具有领袖的特征。

20世纪中期，斯托格蒂尔的研究表明：具有某些特质的领袖者，在某一情境下会成功，但在另一情境下却不一定能成功。具有不同特质的领袖者，可能在同样情境下都能成功。同时，单一特质与领袖效能之间并没有高度的相关性；只有综合了各种特质，才会和领袖效能有着较高的相关度，但也仅限于某几种情境。

这一结论使许多研究领袖特质的人士都转移了研究重心：从之前的领袖者与非领袖者的特质比较研究，转而重点研究领袖特质与领袖效能关系。他们提出的新口号是：人人都能成为领袖。换言之，领袖的特质是在实践中形成的，可以通过训练和培养加以造就。

这个观点与科学家对潜能的研究不谋而合。美国奥图博士曾这样比喻："人脑好像一个沉睡的巨人，大部分人只用了不到1%的脑力。如果人类能开发大脑一半以上的潜能，就可以轻轻松松地学会40种语言，记忆整套百科全书，并获得12个博士学位。"控制论奠基人之一N.维纳说："可以完全有把握地说，每一个人，即使他是做出了辉煌创造的人，在他的一生中利用他自己的脑潜能还不到百亿分之一。"也就是说，只要潜能开发得当，每个人都能成为卓越的领袖者，做出惊人的成就。

领袖并不一定是绝顶聪明或是先知全能的伟人，但却是一种要求相当高的职位，需要承担巨大的压力和沉重的责任，因而，只有充分开发领袖特质潜能的人才具备了成为领袖的前提条件，他们远比那些不具备领袖特质的人更有希望成为成功的领袖。当然，特质只是前提，即使拥有了所有必要的领袖禀赋，还必须采取正确的行动，才能获得成功。

所谓"领袖气质"，不仅仅是指一个人在团体中充当着核心的角色，还指一个人通过言行指引团体出色地完成某些任务的能力。从团体角度上来看，这是基本的交流技能和社会技能的综合，是一种通过技术性的情绪交流来唤起或激励他人的能力。从人格上来看，这是一种难能可贵的人格魅力。

拥有领袖气质的关键是拥有情绪交流的技能，特别是情绪表现力。有关领袖气质和社会技能的研究表明，领袖气质在社会表现力、领导能力、人际关系，以及心理健康的培养等方面都扮演着重要的角色。人们可以通过改善交流技能和社会技能来增强自身的领袖气质，发挥自身的人际效应。

研究领导能力的杰伊·康格把领袖气质定义为一系列行为特质的集合，这些行为特质能让他人感受到一种魅力，包括发掘潜在机遇的能力、敏锐察觉追随者需求的能力、总结目标并公之于众的能力、在追随者中建立信任的能力，以及鼓动追随者实现领袖目标的能力。康格认为，追随者是否认为一个领袖具有领袖气质，取决于该领袖所表现出来的出色行为的数量、强度，以及它们与情境的相关程度。

领袖气质不是全部，
仅仅是领袖特质的构成部分

领袖特质的属性包括：领袖气质、需求动机以及价值观等方面。

领袖气质是指以特殊方式表现出的相对稳定的行为倾向，如技术技能、人际关系技能、观念技能等管理技能，以及精力、能力、水平等。

需求动机是指获得某种特殊激励或经验的强烈欲望，如生理需求（饥饿、饥渴）与社会动机（成就、尊重、归属、权力、独立）。

价值观是指关于对与错、道德与非道德、正义与邪恶的内在主观态度，一般包括公平、公正、诚实、自由、平等、人道、忠诚、爱国、进步、自我实现、卓越、现实主义、谦逊、有礼以及合作。

显然，领袖气质并不是全部，而仅仅是领袖特质的构成部分。

那么，身为领袖，应该具备什么样的气质呢？

（一）拥有广博的知识

高尔基说过："知识犹如人体血液一样宝贵，人缺少了血液，身体就会衰弱，人缺少了知识，头脑就会枯竭。"这段话深刻揭示了知识对于人的重要性。"艺高人胆大"，知识多，见识多，魄力足，行动力和绩效才强；若学得少，见识少，无魄力，行动力和绩效就会低下。知识是思维的能力，思维是行动的主导，行动是结果的来源，因而投资知识就是对理想之树的不可或缺的灌溉。

（二）责任感

责任感的形成是一个人成熟的标志，它的第一层含义是要对自己负责，即一个人要懂得尊重自己的感情，尊重自己的理想，珍惜自己的宝贵年华和生命的活力，努力从自己一生的角度、从自己的理想出发来安排现实生活，学会克制自己本能的冲动，抵制住外来的各种诱惑，在生活的旅途中坚实的去追求自己的理想。责任感的第二层含义是对社会负责。不能只满足于以旁观者的身份和态度去指手画脚，而应以主人翁的身份和态度积极地参与到社会生活中，以积极的态度去面对它，去发现并发展环境中美好的因素，用自己的力量去抑制环境中不好的一切，以自己的爱心和理解给人以鼓舞和激励，与大家一起去塑造环境，创造美好的生活。

（三）细心

细心的人，外在的表现就是谨慎、缜密、专业和完美。有时，一个微不足道的细节可以改变一个人的命运。只看见大事而忽略小事的人是无法成功的。

（四）胆识

塞万提斯曾经说过："丧失财富的人损失很大，可是丧失勇气的人，便什么都完了。"对于一个人来讲，丧失了财富并没有什么，失去了机会可能会失去很多，但若丧失了勇气，就失去了全部。有胆识的人总能抢占先机，总是行动迅捷，总是更容易抓住机会。胆识不是胆量，真正有胆识的人也不是有勇无谋的莽夫，而是智勇双全的智者。他们有发现商机的眼光，更有市场竞争的谋略，有巧妙赚钱的办法，还会学习、会做人、会处世，有眼光、有谋略、有方法。他们不服输，相信自己肯定能成功；有毅力，不达目的誓不罢休；能忍耐，经得起反反复复的折腾。胆识是成大事者的法宝。

（五）宽容

宽容即允许别人自由行动或判断，耐心而毫无偏见地容忍与自己的观点或公认的观点不一致的意见，宽大有气量，不计较或不追究。宽容是一种良好的心态，是一种生存的智慧，也是一种生活的艺术。大肚能容，断却许多烦恼障；笑容可掬，结成无量欢喜缘。只有宽容的人，才能得到大家的爱戴。在漫漫人生路上，我们不可避免地会遇到很多挫折、困难和挑战，会遇到想象不到的误解、不快和烦恼，这时候要学会宽容，宽容的友谊能够天长地久，宽容的爱情能够幸福美满，宽容的世界才能和谐美丽，一个人有了宽容的胸怀，有了可以容纳万物的心，才能够成就一番事业，才能够拥有快乐而幸福的生活。

（六）稳重冷静

稳重冷静和轻浮急躁是相对的。在现实生活中，浮躁的人做事情往往既无准备，又无计划，只凭脑子一热、兴头一来就动手去干。他们不是循序渐进地稳步向前，而是恨不得一锹挖成一眼井，一口吃成胖子。结果呢？必然是事与愿违，欲速不达。浮躁的人自我控制力较差，情绪不稳，容易发火。这样不但影响身心健康，还影响学习、事业和人际关系，害处很大。反之，稳重冷静则是一个人的思想修养、精神状态到达一定境界的外在表现。正如诸葛亮所说："非宁静无以致远"。只有稳重冷静的心态才能理性地透视和分析到问题的本质，才能在纷繁复杂的大千世界中站得高、看得远，才能使自己的思维闪烁出智慧的光辉。稳重冷静，是人生获得成功的一个重要气质。

（七）主动倾听

主动倾听有很多益处：①能让他人感受到重视。②能让自己获得更多信息。③能促进深层次的沟通。④能够潜移默化地增进人际关系。⑤能够使心情烦躁的人冷静下来。⑥会换来他人的倾听。你给别人做出了好榜样，也就提醒了别人使用这一重要的技巧。人们受到了倾听，也就会去倾听别人。⑦可以促成更好的合作关系并使问题得到更好的解决。⑧能让自己积极地、创造性地解决问题，提高做事的效率和质量。⑨可以让自己了解他人的思想和需求，了解自己和他人的差异，了解自己的不足和长处。当掌握了更全面的信息后，见解也就更加深入、更权威。这时再发表意见，就会更让人信服。

（八）尊重身边的每一个人

敬人者，人恒敬之；爱人者，人恒爱之。尊重他人，才能减少与他人的摩擦；尊重他人，才能得到他人的尊重；尊重他人，才能与他人友好相处；尊重他人，才能促进彼此之间的沟通；尊重他人，才能建立和巩固友谊；尊重他人，才会使彼此的合作更愉快。

具有领袖气质的人会尊重身边的每一个人，而不会戴着有色眼镜去看人。如果你不尊重别人，看似你把对方踩在了脚底下，可是你的形象却会因为你的行为变得丑陋，你的恶劣态度会折射出你那糟糕的气质和修养。

虽然领袖气质不是全部，仅仅是领袖特质的构成部分，但是这一部分却是不可或缺的。只有具备了领袖气质的人，才有可能成为成功的领袖，做出瞩目的成就。

领袖即精英，各行各业的翘楚都是领袖

如今，人们通常将"领袖"定义为"国家、政治团体、群众组织的最高领导人"。这个含义最初是从"同类人中之杰出者"引申而来的，早在明清时就已见用。

在魏晋南北朝时期的文献中，常见"领袖"一词，既可以作名词，也可以作动词。作名词时表示"同类人中的杰出者""楷模"。作动词时表示"做他人的楷模、为他人作表率"。也就是说，精英以及各行各业的翘楚都是领袖。

"领袖"为什么能表示"同类人中的杰出者"呢？首先来探讨一下组成这个词的两个字的意义和作用。"领袖"最早见于汉代文献，实际上指的是"衣服的领和袖"。

"领"的本义是"脖子"。我们今天所说的"袖"上古称为"袂"。汉代以后，"袂"字逐渐消失，将衣袖统称为"袖"。古代汉族人的衣袖都比较宽大，加上接上的一部分，一般也比较长，既可御寒，也可藏物。

"领"和"袖"在文献中常常会连称，一是因为在衣服的制作上二者都是另加的部分，又都起着装饰的作用；二是因为二者都有特别的作用，提起领子，整件衣服就可以顺当地提起来。《荀子·劝学》上说："若挈裘领，诎五指而顿之，顺者不可胜数也。"所谓"提纲挈领"即提住网的总绳和衣服的领子，比喻把问题简明扼要地提示出来。由于"领"和"袖"在衣服上有重要作用，从而引申出"同类人中的杰出者"的比喻义。

领袖的本质特征是精英性。这种精英性不是仅仅通过成绩优异、能力非凡、技艺高超、贡献卓越等能够涵盖与表达的，还特别表现在其所具有的意识、精神和文化方面的优秀。也就是说，他们能"发自内心地为人民谋幸福，无私地为人民做贡献"。毛泽东最高智慧的结晶就是：人活着的目的和意义就在于全心全意为人民服务。甘地终生服务于印度的独立解放事业，并没有享有一官半职，也没有任何正式职位，却成为"印度精神领袖"。他曾说："最高的道德就是不断地为人服务，为人类的爱而工作。"美联社曾报道胡锦涛同志在耶鲁大学的演讲表示："在耶鲁，他用诗歌般的语言说中国的发展依赖人民，也服务于人民。"占士·奥图也曾指出："领袖不是特权而是责任，他的职责为服务。"

自有人类以来，人类社会总是在精英们以及各行各业的翘楚们的带领和服务下不断发展。后人也常称这些杰出人士为领袖。正是各个时代的领袖带领人类推动了社会的发展，人类才有了今日的文明和发展，他们是人类发展的先驱。

早在人类还处于蛮荒时代时，燧人氏作为领袖，教会人们种植五谷，从而有了我们今天吃的粮食。伏羲氏作为领袖，亲尝百草，使得人类学会医治疾病，人类才有了健康的体魄，至此踏上了文明之路。追溯到近代史，被称为一代伟人的孙中山先生，曾带领人民发动辛亥革命。作为领袖，他带领人民推翻了中国长达几千年的封建统治，人民的思想得到了真正意义上的解放。毛泽东是新中国的领袖，他让穷苦人民彻底翻身，让穷人不再受到压迫，开启了泱泱大国的崛起之路。

有哲人曾经说："思想有多远，我们就可以走多远。"这句话不得不让我们联想到人类精神上的领袖。释迦牟尼、耶稣、穆罕默德他们开创了宗教，作为宗教领袖，他们开创了另外一种新的思想观念，人类开始有了自己的信仰。据统计，截至 2010 年，全球有 10 亿人口是佛教徒，15 亿人口是基督教徒，还有 6 亿人口是伊斯兰教徒。世界上三大宗教教徒占全人类总人口的 44.9%。换句话说，两个人中间有一个人就信奉宗教。我们今天所能听到的哲学思想，大部分都是在宗教的基础上不断演变而来的。

培根曾经说道："知识就是力量。"而在经济主导国家综合实力的今天，真正让知识变成力量的并不是知识或者科技本身，而是那些商业界的领袖，是他们所领导的公司将知识变为产品而推向市场，从而才有了今天便利的生活方式。据统计，从 17 世纪到 20 世纪 70 年代，被经济学家认为改变了人类生活的 160 种主要创新中，80% 以上都是由企业完成的。事实上，自从知识和资本走到一起，人类社会的发展就曾出现几何级数，各个企业的领袖带领他们的公司，让人类许多的新知识、新发明、新创意有了名副其实的意义。

在过去的几千年中，我们所生活的这个世界，从有形到无形，无不是在大大小小的领袖带领和推动下不断演变创新的结果。领袖在人类发展的过程中，起到了至关重要的作用，与其说人类的历史是劳动人民创造的历史，不如说是领袖带领广大劳动人民创造了历史。时至今日，"领袖"这个词已被我们传诵了一千多年，古往今来的各种杰出领袖给我们留下了深刻印象，感悟了一代又一代人，引领了各个时代的风潮。

其实，领袖就在我们身边，他可以很大，大到能影响整个世界；他也可以很小，小到影响自己的家庭。从一个国家到一个家庭，一个企业到某一个部门，都有领袖的踪影。只要他是能够为人表率的精英，或者是社会群体中的出类拔萃者、佼佼者，是为数较少的优秀群体，都可视之为领袖。

将自己培养成能够为人表率的领袖吧！成为领袖并不是想象中的那么遥不可及，只要我们从现在做起，一步一个脚印，全方位地培养出领袖气质、特质等，就能不断地完善自我、超越自我，实现成功。

具备了领袖气质，想不成领袖都难

"领袖气质"一词最早出自希腊文，本意是一件美丽的礼物。意指上天赋予你的某些东西，也可以引申为与生俱来的禀赋。但是拿破仑却对此解释有着不同的意见：别人都认为他天生就具有"领袖气质"，但实际上他是在奋斗拼搏的过程中，渐渐具备了领袖气质，并且因为不断的成功而保持和发展了领袖气质。

根据南加利福尼亚州大学两位研究员班斯和蓝纳斯的研究发现：成功的管理者常被人们认为是具有领袖气质的。拥有领袖气质的人会得到更多的拥护与认同。领袖气质并不是与生俱来的，而是经过后天培养可以达成的个人综合素质的外在表现。

领袖气质的培养需要一个长期的过程。所以，为人父母者有责任培养孩子的领袖魅力。

那么，具体如何培养领袖气质呢？

（一）积极主动、努力不懈地掌握知识

知识在主动摄取时，是事半功倍的。若想激发出主动性，除了要有外部因素的促进外，还要有内部因素的激发。

（1）学习未动，兴趣先行。孔子曰："知之者不如好之者，好之者不如乐之者。"这句话精辟地阐释了兴趣对于学习的重要性。兴趣是学习

过程中巨大的激情和力量，你只有找到自己真正感兴趣的领域，才能最大限度地激发求知欲望，才能最终在这一领域获得成功。兴趣是学习中最活跃的因素，培养青少年的兴趣需要家长的赞扬和鼓励。有了兴趣，能够乐学，就会主动学习、勤奋学习，精力、体力、耐力、活力也都会大幅度提高，学习的效果就会好；反之，学习就会被动、枯燥、低效。学习有兴趣是一种享受。乐学是一种境界，是以兴趣为基础或手段的一种快乐，与学习相互联姻、协调统一的学习过程和学习方式。有趣、乐趣、志趣，铸就乐学之路。

（2）要培养青少年注意向一切人学，向一切事学，向一切物学；在学习中学，在工作中学，在生活中学；学会学习，学会修身，学会自治；做到事事学，时时学，处处学；不仅做到课堂学习化，而且做到生活学习化，人生学习化，那么，青少年的学习力层次就会高人一等。

（二）责任感的培养

（1）有意识地分派给青少年一些力所能及的劳动，如擦桌子、拖地板、洗碗、长期取报、取牛奶、负责给花草浇水、帮助邻居分发报刊、信件、完成老师委托的任务等，青少年只有在经常受到委托，为父母、他人或集体做些有益的事时，通过自己的劳动获得肯定的评价，产生满足和愉快的内心体验的过程中，才能培养起强烈的责任感。

（2）今日事，今日毕。应该在今天完成的工作绝不拖到明天，只要是分配给青少年做的事，就要完成。

（3）勇于承担过错，不推卸责任。勇于承担责任，不诿过于人，凡事教育青少年从自身找原因，多问自己做得够不够好，就是一种负责任的体现。

（4）别总麻烦别人。尽量让青少年独立完成接下的任务，避免让他们习惯于找人帮忙。让他们懂得该自己做的事情最好由自己来完成，经常麻烦别人帮忙的人不会成功。

（三）培养细心

（1）对身边发生的事情，启发青少年经常去思考它们的因果关系。

（2）对青少年做不到位的事件，和他一起讨论，发掘出它们的根本症结。

（3）对青少年习以为常的做事方法，要有改进或优化的建议。

（4）让青少年做什么事情都要养成有条不紊和井然有序的习惯。

（5）有意识地让他经常去找几个别人看不出来的毛病或弊端。

（6）让青少年注意并随时随地对有所不足的地方补充。

（四）培养胆识

（1）制止青少年常用缺乏自信的消极词句，让他多说积极的话语。

（2）让他不要常常反悔，不让他轻易推翻已经决定的事。

（3）培养青少年乐观、阳光的心态。

（4）告诉青少年做任何事情都要用心，都要当做有人在看着他。

（5）事情不顺的时候，歇口气，重新寻找突破口，就算要结束也要干净利落。

（五）培养宽容

（1）不要刻意把有可能是伙伴的人变成对手。

（2）对别人的小过失、小错误不要斤斤计较。

（3）在金钱上要大方，学习三施（财施、法施、无畏施）。

（4）不要有权力的傲慢和知识的偏见。

（5）任何成果和成就都应和别人分享。

（6）必须有人牺牲或奉献的时候，自己走在前面。

（六）培养稳重冷静

（1）稳重冷静离不开内心世界的充实。稳重冷静是一个人内在道德修养和文化素养的综合反映。要使自己的内心世界变得丰富、成熟，就得努力学习，汲取知识。

（2）稳重冷静常得益于"三思而后行"。事常三思，免于后悔。平时说话办事，让青少年脑子里多设想几种可能，多打上几个问号：为什么要做？怎么去做？怎么做得更好？可能出现什么情况？有什么对策？这些问题的提出，既是稳重冷静的表现，又是对稳重冷静的促进。另外，在遇到紧急情况时，应该善于提醒自己："沉住气""镇定些"，这样情绪有了缓冲，头脑便能沉静下来，天长日久，办事自然就稳重起来。

（3）稳重冷静也是向前辈学习的结果。前辈由于阅识丰富，处世有历，与晚辈比较起来要稳重冷静一些。平时在交往中多留心他们的办事处世方法，择其善而行之，对于青少年的成熟与稳重大有好处。

（4）遇到困难的时候，不要惊慌。平心静气地分析情况，设想已出现的困难可能造成的最坏结果。

（七）培养主动倾听

（1）全神贯注地去听。

（2）避免干扰。尽量避免同时做几件事情，要让讲话者在讲话时觉得自己是世界上最重要的人物。

（3）直视对方的眼睛。

（4）不要打断对方。美国的沟通专家利蒂西亚·鲍德里奇说过："好的倾听者从不打断对方，除非房子着火了。"

（5）读懂语言的和非语言的信息。

（6）控制情绪。情绪是影响倾听效果的一大障碍，它会使你戴上有色眼镜，辨别并了解他人的感觉和情感。

（7）设身处地地为对方着想。真诚地从对方的角度去听出他话中的弦外之音。在设身处地为别人着想之前，必须放弃自己的成见。

（8）向讲话者复述，纠正误解，细想字面信息，加强记忆。

渴望结果没有用，把精力放到各项条件上

每个人心里都藏着一个美好的愿望，当第一、当领袖、当精英……每个人心里都渴望实现这个美好的愿望，然而要把这个美好的愿望变为现实，仅仅渴望结果是毫无用处的。正如哲言所说："人们不可能通过思考而养成一种新的实践习惯，而只能通过实践来学会一种新的思考方式。"阿里巴巴的马云和全球顶级风险投资商孙正义都不约而同地认为："三流的点子加上一流的执行力永远比一流的点子加上三流的执行力更好。"要想成为梦想中的卓越领袖，只有把精力放到各项条件的培养上，为之积极行动、为之不懈努力、为之坚持奋斗，才能够开发巨大的潜能，实现理想。

什么样的条件才是成为领袖的必备条件呢？通过归纳世界上一些著名学者的意见，可将领袖的条件归纳如下：

（一）体质方面——强健

身心互相影响，强健的体质，能让人思维更活跃、心灵更警醒、神志更清明、精力更充沛、毅力更坚强。可通过均衡的营养、适量的运动、充足的睡眠来全面改善和增强体质。

1. 营养方面

遵循荤食30%，素食70%的比例原则。早餐要吃得最有营养；中餐食物要富含丰富的蛋白质和脂肪；晚餐宜少食，可吃些易消化的谷物和蔬菜。规律饮食，不吃垃圾食品，少吃零食。

2. 运动方面

要培养青少年主动自觉地进行锻炼的意识。每周至少三次，每次一小时为佳，全面发展身体的各个部位、各器官系统的机能，各种身体素质和基本活动能力，并且追求身心健康和谐发展。特殊体质的青少年，可根据自身体质进行选择，如跑步、健美操、瑜伽、太极、器械等。

3. 睡眠方面

睡眠不足会带来许多身心的伤害：思考能力下降、警觉力与判断力削弱、免疫功能失调、失去平衡等。

人类最佳睡眠时间应是晚上10点至清晨6点，儿童为晚8点至清晨6点。处于发育期的青少年至少要保证7~8小时的睡眠时间。身睡如弓效果好，取右侧卧负担轻。

（二）意志方面——坚强

罗伊斯说："从某种意义上说，意志力通常是指我们全部的精神生活，而正是这种精神生活在引导着我们行为的方方面面。"任何事情要获得成功，都离不开意志力；要想当一位领袖，更是需要坚强的意志力。意志力并不是生来就有或者不可能改变的特性，它是一种能够培养和发展的技能。下面几项方法有助于增强你的意志力，不妨一试。

1. 积极主动

积极主动能让青少年克服惰性，集中注意力于未来。

2. 下定决心

美国罗得艾兰大学教授詹姆斯·普罗斯把实现某种转变分为四步：

（1）抵制——不愿意转变；

（2）考虑——权衡转变的得失；

（3）行动——培养意志力来实现转变；

（4）坚持——用意志力来保持转变。

为了下定决心，可以为实现自己的目标规定期限。

3. 目标明确

普罗斯教授曾经研究过一组打算从元旦起改变自己行为的实验对象，结果发现最成功的是那些目标最具体、明确的人。

4. 权衡利弊

普罗斯教授的建议是：可以在一张纸上画好4个格子，以便填写做某事短期和长期的损失和收获。通过这样的仔细比较，培养做某事的意志力就容易多了。

5. 注重积极的自我暗示

大量的事实证明，将自己当成有顽强意志一样地去行动，有助于使自己成为一个具有顽强意志力的人。

6. 坚持到底

不管发生什么事，都不改变自己原定的学习和锻炼计划。

7. 实事求是

在许多情况下，将单一的大目标分解成许多小目标，不失为一种好办法。

8. 逐步培养

坚强意志的形成不是一蹴而就的，而是逐渐积累形成的，其间还会不可避免地遇到挫折和遭受失败，必须找出使自己斗志涣散的原因，才能有针对性地解决。

（三）精神方面——勇敢、自信

美国心理学家威蒙曾经找到了 150 位卓有成就的人，并对他们进行了一系列的研究，结果表明：一个人的智力发展水平和以下几种精神品质有关，分别是坚强、勇敢、自信。这三者对人的发展有着非常重要的作用。有时候几乎决定着一个人是否能够取得最后的成功。所以，家长应该注意培养孩子勇敢、坚强、自信的精神。具体可从以下几个方面做起：

1. 给孩子制订合理的奋斗目标

家长应从孩子的实际情况出发，分别为他制订短期和长期两种目标。短期目标一定要细化，不宜太难。长期目标应该远大，最好有具体榜样，这样孩子就更易理解与接受。

2. 给予孩子足够的自由空间

父母要尽可能地让孩子独立活动，给他创造一个相对独立的空间。在独立活动的过程中，孩子会遇到很多困难和障碍，这时要学会让他自己想办法去解决。

3. 在必要的时候设置一些障碍

所以，在必要的时候给孩子人为地设置一些小的障碍也是增强孩子的坚强和自信心的不错的办法。

4. 鼓励孩子进行自我训练

自我训练是指自我禁止、自我命令、自我激励等，这些都是锻炼孩子的不错方法。

（四）动机方面——忠诚、纯洁、同情心

马卡连柯曾指出："忠诚必须从小就养成。如果你对即将五岁的孩子还是忽视这项工作，那你以后就很难纠正由于忽视而使孩子养成的恶习。"因此，对孩子进行忠诚教育，应该从他们懂事时就开始。在培养孩子忠诚、纯洁、同情心的过程中，父母与家庭起着极为重要的作用。

1. 用自己的模范行为去教育、影响孩子

教育孩子对自己的言行负责，是培养孩子忠诚、纯洁、同情心的动机的好方法。

2. 真心实意地信任孩子

这在培养孩子忠诚、纯洁、同情心的动机中，具有特殊意义。缺乏父母的信任和关怀，会使孩子的心灵受到创伤。充满相互信任和尊重的家庭，使孩子形成的道德力量，能够抵御外界的不良诱惑。

3. 引导孩子关心他人

父母的言传身教会让孩子变得更为优秀。父母要以爱的方式教孩子学会关心别人，哪怕只是帮别人倒杯水等微不足道的行动，孩子学会关心别人之后，会觉得生活更有意义。一个会关心别人的人，必将获得更多的爱心和机会。

4. 孕育孩子的爱心

一个自私、狭隘的人，是不会从内心里设身处地为他人着想、同情别人、帮助别人的。孩子有时并不明白自己的行为是自私的、错误的，父母要随时加以正确引导。

5. 同情弱者

父母会怜爱自己的孩子，也应去关爱如孩子般弱小的人。如希望工程、

灾区捐款等。父母对此的态度也直接关系到孩子们的行动和想法。

（五）知识方面——中等以上

帮孩子找回学习的快乐、养成不断积累书本知识和社会生活知识等各方面知识的好习惯。

（六）能力方面——思维力、创造力、鉴别力、理解力、自我控制力及表达能力（笔与口）等

1. 思维力

提高感知和观察能力、启发孩子积极思考、培养孩子的探索精神、鼓励孩子独立思考、让孩子畅所欲言、加强分类归纳训练、启发孩子"异想天开"等。

2. 创造力

正确对待孩子的提问、家长与孩子共同关注具有创新意义的人和事物、多接触新鲜事物，增长知识、大胆进行探索性玩耍、多角度思考问题、培养想象能力等。

3. 鉴别力

让孩子学会不要过于崇拜、不要对孩子太专制、让孩子经得起诱惑、培养孩子的判断能力等。

4. 理解力

注重孩子的感情培育和性格培养、积累孩子的实践经验、为孩子选择恰当的书本、补充课堂的阅读。

5. 自我控制力

根据具体情况，采取相应措施，掌握孩子的情感特点，运用正确的方法处理孩子的冲动，尽量做到使孩子在合理范围内有充分表达情绪的权利。

6. 表达能力

营造良好氛围，消除胆怯心理，增强表达能力、多阅读，以丰富语言和词汇，鼓励孩子多参加课外活动，体验生活，从有意义的电视节目中得到提高，多对事物进行描述并写下来。

渴望结果并不能带来结果，只有将精力投入到培养各项条件中，才能收获累累硕果。"罗马非一日建成。"条件的培养不是一蹴而就的，需要父母付出耐心和细心，也需要孩子的积极执行与配合。一旦培养成，所带来的成就将是巨大的，给孩子的人生所带来的益处也将是极其深远的。

领袖特征的识别方法和
有意识地培养领袖特征

每位父母都希望自己的孩子长大后可以成为人中龙凤，但是却鲜少意识到要从小培养孩子的领袖特征，总认为领袖特征等到孩子长大了，参加工作了，自然就会有了。然而，实际情况并非如此。这个世界上没有一件事情是容易的，获得成功的人无论是其知识，还是素质、能力，都是积累而成的，所以领袖特征的形成也要从小打下好的基础。父母如果着重培养孩子的领袖特征，将会让他受益匪浅，让他在无形中感到职责的重要性，并且认识到自己在群体之中的地位，使他提前感受成就感。这些不仅可以增强孩子的自信心，还会让他的各项能力得以提高，比如语言表达能力、思维能力、组织能力等。

"不想做将军的士兵不是好士兵。"孩子也是一样，有很多孩子明明很优秀，但是就是不敢居于人前，一味地喜欢尾随人后。这种情况就需要父母多下些工夫，给予正确的引导。那么，父母要如何去培养孩子的领袖特征呢？一般来说，可通过下面的方法来判断、辨识以及培养领袖特征。

（一）领袖特征的品格识别法

（1）绝不为图取一时之平静安稳，而否定自己的经验或理念。

（2）不仅在对与错上有清楚的立场，同时也会远离暧昧不明的灰色地带。

（3）逆境当前，会选择恪守品格，而不是妥协自己，哪怕它所带来的结果暂时并不理想，都能使他们变得更加坚强。

（4）能够召集人们迈向共同目标，并激发人们的自信。

没有人可以超越自己品格上的限制。人们无法信任品格有明显瑕疵的人，品格脆弱不足以承担失败的痛苦和成功的压力。为了提升品格，以下4点可供参考：

（1）找出品格的弱点。花些时间找出孩子曾妥协、偷工减料、令人失望的地方。以过去两个月为基础，写下每次事件发生的状况。

（2）找出发生的模式。仔细检查写下的行为反应，找出比较容易出状况的层面，诊断出品格的弱点在哪里。

（3）化作行动。品格修补的第一步，就是教导孩子面对自己的弱点，再真心认错，并且以行动弥补所造成的结果。

（4）重建未来。坦诚面对过去的行为是一回事，迈向光明的前程又是另一回事，既然看出了容易出错的弱点，就应该着手拟出应对方法，让自己不再犯同样的错。

（二）领袖特征的个人魅力识别法

（1）自信、谦虚、平和的态度。

（2）接纳自己、喜欢自己的本相。

（3）坦诚、有朝气、情绪稳定。

（4）追求卓越，但不会吹毛求疵。

以别人为重，能够多为他人考虑，顾全别人需要的人，很具领袖的个人魅力。服用以下两帖良方，将有助于孩子魅力的提升：

（1）调整自己的注意力：引导孩子下决心多加关注他人，以平衡自己的谈话。

（2）注意第一印象。给他人留下良好的第一印象，肯定他人。每天坚持下去，将会使孩子的个人魅力大幅地提升。

（三）领袖特征的行动力识别法

（1）懂得把握时间、全力以赴，这样的人也是能够掌握一生命运的智者。

（2）他们全身心的投入，使人受激励、受吸引，使人看到领袖的坚定信念，从而让人们倍加信任他们，并采纳他们所提出的目标与主张。

如何更彻底地做到全力以赴呢？

（1）用尺衡量一下。有时孩子以为自己已经全身心于一件事了，但行动却显示并非如此。教导孩子自省一下，反思自己把光阴都用在了什么地方？

（2）试试爱迪生的方法。当爱迪生想出一项发明的点子时，他会立即召开记者会宣布它。然后就进入实验室，直到产品成功发明出来为止。让孩子把计划告诉亲友，这或许能督促孩子更奋斗不懈。

（四）领袖特征的沟通力识别法

（1）能够把自己的知识和理念化为积极与高度的热诚，传递给别人。

（2）总能把复杂的事单纯化，深入浅出、娓娓道来，让人更易于接纳。

如何提升孩子的沟通能力？

（1）清晰明了。对于沟通而言，最好的伙伴就是：简单和明确。

（2）调整焦点。试着调整沟通的焦点，将焦点放在听众身上，先考虑他们的需要、疑问、渴望。

（3）教孩子说出自己想讲的话。孩子所沟通的和所做出来的有落差吗？让孩子坦诚的接纳别人的意见，避免自卫性的辩解，然后提出改进自己、使自己言行一致的做法。

（五）领袖特征的目标识别法

（1）目标明确，心中一直有目标，从不会失去。

（2）能以内心的热情和果敢的勇气去完成既定目标。

（3）善于把握机会。

为了使孩子的目标明朗化，以下几方面将有所帮助：

（1）让孩子衡量自己曾经考虑过的目标的完成情形。可让孩子问问别人是否知道他的目标，如果别人讲得很清楚，那表示孩子正在活出那份目标。

（2）做个坦诚的测试。如果孩子还没有花太多时间去思考人生目标方面的事，在接下来的几个星期或几个月里，不妨让他好好想一想，到底有什么是可以震撼他内心至深之处的。

（3）具体写出来。如果孩子想过自己的目标，却从没有记录下来，那么今天就花些时间完整写出来。

（六）领袖特征的专注度识别法

（1）不仅知道轻重缓急，而且能够集中注意力。

（2）言、思、行一致。

为了使孩子的专注力能重新步入轨道，请从以下几方面着手：

（1）让孩子对自己下工夫，力求突破。

（2）定出孩子行事的优先顺序。

（3）让孩子学会与积极、上进、专注的同伴一起努力。

（七）领袖特征的慷慨度识别法

（1）对自己所拥有的，心怀感激。一个人若对自己拥有的不觉满足，就很难做到慷慨。慷慨来自知足，并不是期望有所回报。

（2）将他人放在第一位。

（3）从不让占有欲控制自己。

（4）将金钱视为资源的一种。金钱是个绝佳的仆人，却是个糟糕的主人，如果让它居首位，人就会成为它的奴隶。

（5）有给予的习惯。

若想让孩子学着做个更慷慨的人，可以试试以下方法：

（1）愿意和他人分享自己喜欢的资源。

（2）找个能学习的楷模。

（3）经常行举手之劳、小额慈善。

（八）领袖特征的主动度识别法

（1）他们知道自己要什么。

（2）他们驱使自己采取行动。主动的人不需要别人来鼓舞他们。

（3）他们甘冒风险。任何一个行动计划都有它的风险和代价，但是比起在安逸中无所为而导致的风险和代价，前者轻省儿多了。

（4）他们犯错更多，但成功也更快更多。成功的方法就是把失败率提高一倍。

培养主动精神，请尝试以下做法：

（1）改变孩子的心态。找出使孩子犹豫的缘由，并去处理它。孩子的内心必须先能够突破，他的行动才能迈向前。

（2）告诉孩子别光等着机会上门。

（3）采取行动。

（九）领袖特征的主动度识别法

（1）能够用别人向他投掷的砖块，来为自己建造一个稳固的根基。

（2）在任何状况下，我们仍然能够掌握自己的态度。

（3）总是能维持良好的态度，这样的做法比重新开始好得多。

若想改变孩子的态度，不妨尝试以下方式：

（1）只让孩子服用正面的心灵粮食。阅读有益身心态度的好书，聆听振奋精神的录音带。孩子的态度越负面，扭转所需的时间就越长。

（2）每天达成一个小小的目标。

（3）把鼓励挂在墙上。我们每个人都需要不时的提醒，以使思考不致偏差。

（十）领袖特征的解决难题方式的识别法

（1）能够预期困难的到来。

（2）能够面对现实。

（3）胸怀全局。时时以大局为重，不被情绪所掌控，也不被烦琐细节所缠绕而忽视全局。

（4）一次只处理一个难题。

（5）不在低潮时放弃目标。

（6）永远不要让别人放置的障碍物拦阻自己成就心中的梦想。

提升解决困难的能力从以下几方面入手：

（1）寻找麻烦。

（2）发展一套办法，即 TEACH 程序。Time：花些时间找出问题的症结点，即时间；Exposure：看过去别人是怎么做的，即接触；Assistance：孩子的师、友、伙伴也许有不同的角度，即协助；Creativity：以脑力激荡多种解决方案，即创新；Hit it：着手执行最佳方案，即动手。

（3）与解决问题的高手为伍。

（十一）领袖特征的受教识别法

（1）领导到老，学习到老。

（2）以多于自己说话时间的十倍时间，来聆听及阅读，这种态度确保了领袖持续地学习并成长。

（3）从不认为自己能够达到某种目标，就不必再成长。他们深知：当他们停止成长的那一天，就是他们放弃发挥潜能的那一天，连团队也一同受限。

（4）超越自己的成功。

（5）对捷径说"不"。当他们想在某一领域有所成长，就会先计算它所需要的一切条件，包括自己必须付出的代价，然后决意去换取它。

（6）放下个人的骄傲。一个人所能犯的最大错误，就是一直害怕自己将会犯错。他们为了成长，都会放下身段。

（7）可以犯错，但绝不重犯相同的错误。

（8）如果不满意今天的收成，就会检查一下当初所撒的种子。

为了提升孩子的受教心，以下几件事不妨一试：

（1）观察孩子如何面对错误，让孩子警惕自己产生缺乏受教的意识。

（2）勇于尝试新事物，把面对新挑战当成是你每天的活动。

（3）积极扩展自己的长处。

通过对孩子领袖特征的识别和有意识的、针对性的培养，完全可以将孩子培养成卓越的领袖，做出非凡的成就，拥有理想的人生。

倡导拼搏意识，倡导奋斗精神

有句经典的哲言说得好："凡事欲其成功，必须付出代价——拼搏和奋斗。"人生的历程就是一条风雨坎坷路，任何一种本领的取得、任何一项大成的收获都要经由艰苦的拼搏和奋斗。成功只属于那些富有拼搏意识和奋斗精神的勇者，也只有敢于拼搏、勤于奋斗的成功，才是真正意义上的成功，只有拼搏着、奋斗着的一生，才是无憾无悔的一生。任何投机取巧或妄图减少拼搏和奋斗而达到目的的做法都是见识短浅的行为。

假如没有拼搏意识和奋斗精神，首先，在思想上，就会缺乏坚定的理想信念，没有明确的追求目标，树立不了科学正确的人生观、世界观与价值观；劳动观念淡薄，凡事怕苦怕累怕脏，把自身利益放在首位；凡事讲报酬，缺乏吃苦奉献精神；缺乏实践的勇气，满足于纸上谈兵；缺乏大局意识和责任意识，不能把自己的成才和社会的发展统一起来，缺乏创业和创新的决心。

其次，在学习上，不求进取，得过且过，没有主动探索的要求和决心；不能正确对待学习上的困难，在学习上一遇到困难就灰心丧气、自暴自弃。

最后，在生活上，有的青少年贪图安逸，不认同"吃得苦中苦，方为人上人"，不顾家庭的经济承受能力，一味追潮流、赶时髦；有的青少年自理能力差，假期往返都要父母接送，甚至连床铺用具都不会整理。

显然，没有拼搏意识和奋斗精神，只会导致人生的惨败，只会让人被飞速发展的社会淘汰。

试想想，如果没有拼搏意识和奋斗精神，仅有三根手指能动的霍金，怎么能在轮椅上完成他的伟大著作《时间简史》，又怎么能成为世界物理科学的巨人？如果没有拼搏意识和奋斗精神，双目失明后的奥斯特洛夫斯基又如何能完成他的著作《钢铁是怎样炼成的》？如果没有拼搏意识和奋斗精神，贝多芬不会在失聪后，还能创作出不朽名作《第九交响曲》生命交响曲的铿锵旋律。如果没有拼搏意识和奋斗精神，美国微软公司董事长、总裁兼首席执行官比尔·盖茨也不会连续两年荣登全球富豪榜榜首。如果没有拼搏意识和奋斗精神，双耳失聪，双目失明的海伦·凯勒不会成为一名优秀的残障作家和教育家。有人说，海伦·凯勒好像注定要为人类创造奇迹，或者说，上帝让她来到人间，就是向常人昭示残疾人的尊严和伟大。然而，她的确用不懈的拼搏和奋斗向世人昭示着一个颠扑不破的真理——成功不是靠金钱、权力和地位，更不是凭借美丽的外貌，它需要的是拼搏意识和奋斗精神，那种永不言弃的执着。

只有通过拼搏与奋斗，才能创造出更丰富的物质和精神产品；

只有通过拼搏与奋斗，才有发展，才能前进；

只有通过拼搏与奋斗，才有出路与生机；

只有通过拼搏与奋斗，才能克服一切困难，化逆境为顺境；

只有通过拼搏与奋斗，才能实现自己的理想和目标；

只有通过拼搏与奋斗，才会感到人生的充实，才能真正懂得人生的价值和意义；

只有通过拼搏与奋斗，才能体会到幸福生活的真谛；

只有通过拼搏与奋斗，才能让自己立于不败之地；

只有通过拼搏与奋斗，才能获得知识，成为领袖之才！

广大的青少年现在还处在家里和学校里两个风景怡人的避风港，或许拼搏和奋斗对他们来讲还太遥远，然而，拼搏意识和奋斗精神不是一蹴而就的。俗话说："三岁看小，七岁看老。"青少年时期作为一个人一生中最重要的时期，是未来的至关重要的铺垫时期，如果家长能够积极倡导拼搏意识与奋斗精神，从小就培养孩子的拼搏意识和奋斗精神，成功肯定会指日可待。

那么，如何培养青少年的拼搏意识和奋斗精神呢？

（一）青少年要严于律己，从我做起

（1）青少年要增强克服困难的勇气和信心。任何一项事业的成功都凝聚着千百万人的智慧和心血，革命战争年代甚至要付出生命的代价。在全面建设小康社会的今天，机遇和挑战并存，要在复杂的社会环境中开创事业，必须要有自信心。这就要求青少年始终保持积极乐观的心态，胜不骄、败不馁。

（2）青少年要培养坚韧不拔、不屈不挠的意志。青少年年龄小、社会经验不够丰富，难免遇到挫折和失败，在挫折面前若裹足不前，就会错失良机，而勇往直前则可能柳暗花明。所以，挫折和失败最能考验人的意志，经受住这种考验，心灵再脆弱的人也会被锻造成具有钢铁般的拼搏意识和奋斗精神的人。从这个角度上说，培养拼搏意识和奋斗精神是人生的必修课，是每个人不可或缺的宝贵经历。

（二）对孩子进行吃苦耐劳的品德教育

可以列举革命中的真人真事：如毛泽东、朱德艰苦朴素的生活，南泥湾的生产自救运动，"航天之父"钱学森的创业精神……向青少年学生讲述是拼搏意识和奋斗精神使国富民强，也是青少年个人健康成长的法宝。在教育中让孩子走出温室，接触自然，了解社会。通过参加形式多样的实践活动，拓展德育空间，促使青少年思想和行为发生巨大转变，使他们学会勤俭，懂得珍惜；学会动手，勤于思考；学会拼搏，发扬创新，从而使他们改掉许多不良的行为习惯。

青少年时期正是孩子全身心地努力获取知识的时期，父母应当倡导拼搏意识，倡导奋斗精神，让青少年学会把每个成绩看做再次前进的起点，把每一次挫折看做一剂良药，在永不停息的拼搏和奋斗中完善自我，超越自我，唯此，才能开创出璀璨的未来、美好的人生！

未来领袖的"六项关键特质"

众所周知，想要创造一个不一样的未来，我们需要新时代的领袖者。为此，我和许多不同背景的人讨论过，包括各行各业的领袖、学者、历史学家和未来学家等，希望获得关于未来领袖力的更广泛的看法。

通过分析各行各业的最佳领袖的实践过程，总结了六项基本特质，这也是未来的领袖者们需要具备的"六项关键特质"。

（一）学习力

学习力是发展之源，学习力是制胜之本。学习力不同于学历，学历有时间、学科限制，学习力则没有。学习力是学习动力、学习毅力、学习能力和学习创新力的总和，是人们获取知识、分享知识、使用知识和创造知识的能力，是动态衡量一个人综合素质和竞争力强弱的真正尺度。如果学历是成功的敲门砖，那么，学习力就是成功的通票。学历只代表过去学过什么东西，学习力则代表着过去学会了什么，未来将要学会什么。

科学技术突飞猛进，知识更新日新月异，一代江山一代人，时代向我们提出了更高的知识要求。时代进步了，我们就要紧跟着进步，否则就会被这个快速发展的时代所抛弃。一个未来的领袖必定是一个知识渊博的人，否则他的成功难以持久。因而，无论何时，青少年都必须勤奋学习，不断提高自身知识素养，不断更新自己的专业知识。否则，口袋满满，脑子空空，胸无点墨，难有作为，只能庸庸碌碌地度过一生。

学习并不是看你学了什么，而是看你学会了什么。所以青少年一定要学会学习，最好做到以下几点：

（1）确立恰当的目标。"人生犹如大海行船，对于没有目的地的航船来讲，任何方向的风都是逆风。"有了目标，就有了使命、有了方向、有了动力、有了可预见的成功结果。

（2）培养真正的兴趣。"知之者，不如乐之者；乐之者，不如好之者。""兴趣是最好的老师。"培养真正的兴趣，能为成功的人生与成功的领袖生涯打下坚实的基础。

（3）激发适当的学习动机。在心理学上，动机指发动、指引和维持身体和心理活动的内部过程。动机决定行为的内在动力，适当的学习动机对学习力的培养有很积极的影响。

（4）培养恒久的意志力。俗话说："意志创造人。"意志是各种命令的发布者，当这些命令被完全执行时，意志的指导作用对世上每个人的价值将无法估量。

（5）掌握适当的学习策略。所谓学习策略，就是学习者为了提高学习的效果和效率，有目的、有意识地制订的有关学习过程的复杂的方案。比如：①复述策略。复述策略是指对目标信息不断进行重复，以便能准确、牢固地记住这些信息。②做笔记策略。这要求学习者对材料的中心思想进行心理加工，它要求学习者决定记什么。有一定心理加工的笔记比纯粹笔录阅读材料要有效得多。

（6）在实践中学习创新。从入校开始就树立一个在实践中学习创新的理念，确立具体的行动目标，在课余寻找各种实习实践机会，把理论知识转化为实践技能。在实践中创造新的知识，是培养学习力的重要方法，也是良好学习力的重要体现。

（7）改善心智模式。破除束缚思维的思维定式，换角度去看问题，开始创造性学习。

（二）自制力

所谓自制力，就是自我控制能力，也就是一个人控制自己思想感情和举止行为的能力，是一种重要的心理素质。它能使拥有者服从既定的目标，完成自己制订的计划而不受外界的干扰和诱惑。一个人如果有较强的自制力，就能战胜自己，真正成为自己的主人。

（1）掌握自己的思想。我们可以控制自己的思想与想象，少做一些无聊的白日梦，多做一些能激励振奋自己的想象。

（2）控制自己的情绪。理性是打开智慧大门的钥匙。

（3）把握时间。今日事今日毕，把握时间，就是把握未来、把握生命。

（4）控制接触的对象。我们无法选择共同学习或一起相处的全部对象，但是我们可以选择共度最多时间的同伴，也可以认识新朋友，寻找榜样，向他们学习。榜样的力量可以通过"心理暗示"的方式得到巩固和强化。

（三）沟通力

一个人能够与他人准确、及时地沟通，才能建立起人际关系，而且是牢固的、长久的。进而能够使自己在事业上左右逢源、如虎添翼，最终取得成功，而不善于沟通则会使人失去很多机会。

真正有效的交流，并非一日之功。遵循以下沟通原则有助于提高交流能力和交流成效，解决交流中碰到的难题。

（1）互相尊重的原则：只有给予彼此尊重才有沟通，若对方不尊重你，你也要适当地请求对方的尊重，否则很难沟通。

（2）同理心原则：与他人交谈时，要尽量从他的观点看事务，尽力弄清楚他为什么会这样想。如果我们设身处地地为别人着想，就不会一心想着要求别人了。

（3）讲出来原则：尤其是坦白地讲出你内心的感受、感情、痛苦、想法和期望，但绝不是批评、责备、抱怨、攻击。

（4）理性沟通原则：不理性不要沟通。冲动有可能让事情不可挽回。

（5）承认我错了原则：认错是沟通的消毒剂，可解冻、改善与转化沟通的问题。

（6）等待转机原则：如果没有转机，就要耐心等待。当然，不要以为等待就会有成果。最终还是要你自己去努力，若不努力，你将什么都没有。

（7）爱与智慧的原则：心胸宽阔的关爱和智慧的火花会让你的沟通畅通无阻。

（四）感受力

感受力是一种迅速理解和体悟事物本质的能力。这个理解和体悟的对象不只是事物表象，更应该表现为一种隐藏在现象里的深层规律。感受力就像一个人思想的翅膀，感受力越高，翅膀就越有力量，也就飞翔得越高、越远。

（1）在感受、理解和体悟事物规律的过程中，首先要做到由浅入深，融入自我，对事物的规律有所发现、有所领悟、有所创新、有所超越，从而达到提高感受力的目的。

（2）要善于用情感、意识、思考去触摸事物的品质。感受力的培养在于观察生活、摄取生活、思考生活，从而提炼生活，而提炼生活本身就是一种创造，有创造就有悟性的灵显，就会提高脑力。

（3）仔细观察生活，比如虫鱼鸟兽、花草树木、同学朋友、家庭变化、大自然中的雷电霜雪等。在此基础上，我们还要用心去感受体悟，反复琢磨，直到从现象中悟出值得阐述并给人以启迪的道理。

（4）培养感受力更多地依靠每个人自身的体会、感受、心得。

（5）培养感受力还要勤于学习。感受力的培养与提升很重要的一点保障就是文化素质和经历，这就要求每一个人要勤于学习，勤于提升自己。在勤于学习的同时，更要善于总结。

（6）培养感受力还要注重基本素质的培养。所谓基本素质的培养，就是指注意力、观察力、记忆力、思维力、想象力和手脑并用实践能力的培养。基本素质是一个人成才的重要基础。

（五）执行力

"未来领袖，赢在执行"。在生活中，许多人之所以不能成为领袖，缺少的不是能力，而是有效执行计划。如果不能有效执行计划，就只能停滞不前，在原地绕圈子，目标就无法达成。要知道，青少年真正的人生之旅，是从设定并执行目标的那一天开始的。强大的执行能力对孩子的一生都起着至关重要的作用。那么，父母应该怎样培养孩子强大的执行力呢？

（1）指导孩子制订达到目标的详细计划。这个执行计划不能是在大脑里闪现的，而是要落实到纸面上，涵盖从时间表、措施、具体步骤到最终结果的实现。

（2）教孩子克服拖延的坏毛病。拖延是有效执行的天敌，它会让所有美好的理想都化为泡影，也会让孩子永远把握不住今天而永远憧憬着、等待着明天。所以，一定要让孩子克服拖延的坏毛病。

（3）让孩子丢掉懒散的恶习。懒散会阻碍执行的道路。克服懒散，首先，要懂得善始善终，不要半途而废；其次，学会主动行动，勇于实践，做一个真正在做事的人；最后，懂得把创意和行动结合起来。

（4）让孩子懂得再坚持一下。父母需要对孩子强调，执行计划贵在坚持，不要"三天打鱼，两天晒网"。如果一遇到困难就放弃计划的话，目标就难以实现了。所以，要让孩子学会坚持，不要轻易放弃。

（六）领导力

领导力，简单地说，就是一个人组织、协调、管理他人与处理问题的能力。领导力不是生而有之的技能，而是通过长期的一点一滴的修炼得来。具体来说，修炼领导力可从以下几个方面入手。

（1）多读多学凝才气。从书本中、从实践中、从生活中多读多学，才能有思想营养，才能尽量避免陷入盲区和误区，才能有安身立命和创造成功的坚实工具。

（2）重情慷慨有人气。这样的人会受人欢迎、让人欣赏。于是，心灵因此安宁，人际关系因此和谐，事业因此平步青云，生活因此畅通无阻，更易抵达成功之巅。

（3）处事平和添和气。"心态决定成败"，平和的心态不仅能减少身心疾病的发生，而且能让人更加理性、更加明智。事业是否成功、人生是否丰富多彩与处事能否以"和"为上有着重要关系。

（4）坚守原则守底线。原则是做人的底线，是立身的根本。只有不流于世俗，才有可能做出丰功伟绩。

（5）忍辱负重蓄志气。忍受屈辱可以使头脑清醒，认识到荣耀状态下不可能认清的深刻道理；能使人发奋，产生无形的动力，用无声的奋斗冲破罗网，用无形的烈焰融化坚冰。只有忍受打击和挫折，经住忽视和平淡，才能穿越生命低谷，成为苦难的征服者、人生的成功者，才是真正有智慧的人。

（6）不卑不亢见骨气。"圣贤自有中正之道，不卑不亢，不骄不诌，何得如此。"从教育者朱之瑜口中，不难看出"不卑不亢"执行的难度与其将赋予拥有者的无穷的人格魅力。不卑不亢既不失骨气，又能赚足很多人情面和印象分。受益的不仅是事业成功，也是好的人缘及声望与名誉。

（7）淡泊致远树正气。"淡泊明志、宁静致远"。唯有高树理想与追求，淡看名利与享受，才能身处于浮华尘世而独守心灵的一方净土；才能坦然面对世间种种诱惑而心平如镜不泛一丝波澜，书写出精彩的人生。

（8）品高合群养浩气。好的人品是一切发展的根基；善于合群是获得广大支持的条件。以出世的高尚品格做入世的繁复事务，自可"得道多助"。

（9）信念坚定葆真气。坚定的科学信念是无坚不摧的力量，它能让人所向披靡、一往无前，收获难以预料的大成就。

第二章

禀赋：梦想成真的奠基石

人们常说的"三岁看小，
七岁看老"有科学依据

  "三岁看小，七岁看老"是民间流传的一句古老的谚语，是人们对自身成长的观察经验总结。经现代的观察、研究和考证，这话是有科学根据的。

  从儿童心理发展规律和个性的形成与发展来看，婴儿在出生2周后就产生了心理现象，经过婴儿的第一任老师母亲的培养教育，经过家人和环境的影响，经过各种游戏活动等，儿童的心理活动无论是感知觉的能力、认识活动的萌芽以及思维、情感、意志和行为活动都有了初步的形成与发展。心理学家通过实际资料观察到：个性的初步萌发是在3周岁左右，也就是说，一个人的个性特点健康与否，人格健全与否，3周岁就已奠定了基础。

  美国科学家利用"正电子发射计算体层摄影"技术，对幼儿大脑的发育进行扫描观察，发现孩子在出生之后，由于视、听、触觉接收大量的信号刺激，脑神经细胞之间建立联系的速度远远超出了人们的想象。大脑的第一个发育高峰期是从1岁开始，这个相对稳定的高峰期会持续到3岁，到7岁前，大脑已可以达到或接近成人的水平。随着孩子肢体活动及语言能力的发展，神经系统的功能也有了进一步的发展。在科学上，这一点已从大脑的重量、体积发育的情况得到证明：孩子出生后，全身发育会迅速增长，新生儿大脑的重量在400克左右，到了3岁时可达到1000克，7岁时大部分已达到1300克左右，这已经基本是成人大脑的重量。7岁以后虽然大脑的神经纤维还在继续发育，表现为分支增多，但是许多神经纤维的髓鞘分化已经基本完成，分支增多仅是不断完善的问题，已没有本质的变化。正如研究所表明的：7岁后大脑的复杂性和丰富性已经基本定型，并且停止了新的信息交流，这时大脑的结构就已经牢固成形。虽然这并不意味着大脑的发育过程已经完全停止，但如同计算机一样，硬盘已经格式化完毕，只等待编程了。

因此，孩子幼时的生活经历将会极大地影响其大脑神经细胞之间的联系程度。在一个充满忧虑和紧张气氛的家庭里长大的孩子处理问题的能力相对较差，而且很容易被自身的感情压垮。相反，那些生活在充满爱心的环境里的孩子则会与环境频繁地进行交流，进而促进额叶前部的循环，这样就增加了以后对精神疾病和其他疾病的抵抗力。

印度"狼孩"卡玛拉被人发现时已有7岁多，身上毫无正常儿童的特征，没有语言能力，不能直立行走，更不会与人交流。重返人间后经过长达6年的专业人员的护理，也只学会了走路，到17岁时才学会十几个单词，只有4岁孩子的智商。

这个事实和很多科学实验一样，都表明了如果错过了孩子的学习关键期——7岁以前的教育时机，将造成不可挽回的后果。

7岁以前是最易学会和掌握某种知识技能、行为动作的特定年龄时期。如果错过关键期再去学，就要花费很多的精力和时间。但在这个关键期对孩子进行及时的教育，孩子学起来容易，学得也快，能够收到事半功倍的效果。

从古到今，我国历史上有很多少年成才的故事。

　　秦国的甘罗 12 岁时就成为上卿。在秦国遇到外交难题，许多大臣感到为难之时，他主动要求出使赵国，并说服了赵王，割让五座城池给秦国，实现了许多老臣无法达到的外交效果。

　　被称为初唐四杰之一的诗人王勃，6 岁善文辞，9 岁攻读《汉书》，并能够指出对其注解中存在的错误之处，自己动手撰写了《指瑕》一书，以纠正汉书中的错误及不恰当的论述。可见，当时他并非仅读了《汉书》，除此之外已具备了相当广泛的知识。13 岁时面对满朝文武百官挥笔写出了著名的《滕王阁序》，为后人留下了"落霞与孤鹜齐飞，秋水共长天一色"的千古绝句。虽然今天我们已无法去考证甘罗和王勃接受的早期教育方法，但是他们两个都出身于书香门第，早期受到了良好的家庭教育，这是肯定的。

　　中国科技大学在 1977 年曾破格录取了 13 岁的宁铂为少年大学生，据说他的成长归功于曾是师范教师的奶奶对他的早期教育，当他还在摇篮里的时候，奶奶就不断地对他进行文化熏陶；2 岁半时，就能背诵毛泽东诗词 30 多首；5 岁上学；6～7 岁开始攻读医书，掌握了许多中草药的性能和用途，并会说出各种不同脉象的特点；8～9 岁开始学习天文，自己用肉眼能识别出几十个星座，并记录掌握了这些星座一年四季变化规律；11 岁时能对我国古典文学名著《水浒传》中的人物情节、诗词及论点进行正确的讲述。

　　类似成功教育的无数实例见诸于史书及报道之中，而且早已经被国内外大量的育儿实践所证明。显然，"三岁看小，七岁看老"是已被科学和实践验证的规律。把握住这个关键期，对儿童进行早期教育，可以极大地开发孩子的智力和潜力。

又老又真实的哲理：石头孵不出小鸡来

在爱迪生小的时候，曾经发生过这样一件逸事：有一次，到了吃饭的时候，父母仍不见爱迪生回来，很焦急地四下寻找，直到傍晚才在场院边的草棚里发现了他。父亲见他一动不动地趴在放了好些鸡蛋的草堆里，就非常奇怪地问："你这是干什么？"小爱迪生不慌不忙地回答："我在孵小鸡呀！"原来，他看到母鸡会孵小鸡，觉得很奇怪，总想自己也试一试。当时，父亲又好气又好笑地将他拉起来，告诉他，人是孵不出小鸡来的。在回家的路上，他还迷惑不解地问，"为什么母鸡能孵小鸡，我就不能呢？"

这个事件让人忍俊不禁，却也引人深思。它说明了一个又古老又真实的哲理：石头孵不出小鸡来。也就是说，事物的发展是内因和外因共同作用的结果，两者缺一不可。内因是事物变化发展的根据，外因是事物变化发展的条件。因此，只有具备一定的外部条件，才能实现事物的发展。有些时候，外因甚至起到了重大的决定性作用。

对于孩子的心理发展来说，父母的早期教育就是将孩子脱胎成为龙凤之材的不可或缺的外因。

康德曾说过一句很著名的话："人只有通过教育才能成为一个人，人是教育的产物。"早期既是儿童的智力培养，也是儿童的个性形成的关键时期，父母抓住这个时机进行适当的培养、教育，就能为孩子成材打下坚实的基础。就像盖房子一样，地基打得好，楼房就可能结实；地基没有打好，上面的建筑再好也不稳固。

在实施早期教育时，一方面，要求家长做到言传身教、身体力行，创造一个良好的家庭氛围；另一方面，要根据各种生理、心理功能发育的特点，选择合适的教育内容，在培养中认真观察，及时地因势利导，不要过分地为孩子设立过高的目标，施加压力，让孩子尽情发挥自己的天性，在玩与乐中逐步提高智力，只有这样，才能引发孩子的兴趣，使其自觉地参与到智力培养当中去。

下面简单介绍不同年龄阶段的发育特点及培养方法，供选择参考。

（一）1 岁以内是体感能力发展期

1 岁以内，重点培养感知、感觉能力，如嗅、味、视、听及皮肤的感觉。

培养方法：1 岁以内幼儿生活的环境应当是光线柔和、色彩分明并且多样的，四周的墙壁不能过于单调乏味，所听到的声音要优美动听，生活环境的温度要适中，但最好不要恒温。

对皮肤感觉能力的培养，主要是靠妈妈关心地抚摸，亲切的皮肤接触，洗澡时的全身性按摩及孩子自己的接触体验，在孩子 4 ~ 5 个月时，经常拿孩子的小手去触摸各种不同的物品，如水、食物、用具，并经常让他对比图画与实物的区别，如棉花、毛、布与木、铁、瓷器等物体的区别，从中体验其感觉。当然，在接触这些物体的过程中，还要配合语言表情，这对孩子语言能力的发展也是有用的。

（二）1 ~ 2 岁是语言发育的关键时期

可以开始教孩子发单音，然后是组词，再逐渐过渡到一定意义的句子。整个语言的发育是一个比较长的过程，从 1 岁开始，大约持续到 4 岁以后，才能发育成熟。7 岁之前都是口头语言成长发育和不断完善的时期。

培养方法：对语言能力的培养不能急于求成，开始以要求发音清楚为主，不能过多地强调语言的速度。使语言发音清楚的方法，主要是让孩子重复，在发音清楚的基础上慢慢加快讲话的速度。开始讲话的时间因人而异，但也不能放任不管。另外，在培养语言的时候要注意避免使用不正确的概念，以免造成误解。如把汽车称作"笛笛"，把电灯称作"亮亮"等。应当告诉孩子汽车的笛声"笛笛"，电灯的灯光"亮亮"。

（三）2～3 岁是认识能力发展的时期

此时，对事物尚没有正确认知的孩子，会对外界表现出浓厚的好奇心，产生急于认识了解事物的原始动机，在语言能力的继续深化发展下，孩子会开始经常提出问题。这个时期就是父母借此培养其认识能力的最好途径和时机。对孩子的好奇心不但要给予保护和支持，同时要经常给予鼓励和赞赏，使孩子的好奇心不断地得到维持和发展。

培养方法：要为孩子创造多接触外界事物的条件，多接触各种各样的事物能使其开阔眼界。对孩子的提问，尽量给予正确的解答，不能表现出不耐烦，否则容易挫伤孩子的好奇心。另外，不能做不正确的或欺骗性的回答，因为这等于给幼儿单纯的大脑输入了错误的信息，这种错误的信息一旦形成，很难更改，甚至终生不改。

（四）3～4 岁是感知、注意力、记忆、思维和想象等多种能力迅速发展的时期

70%～80% 的脑细胞是在 3 岁左右完成和互相联结的。这时，孩子的表现不再是单纯的提问和记忆，而是开始注意事物之间的联系，开始注意区别各种事物的不同之处，开始思考问题。在运动方面，各种活动进一步

协调发展，表现为跑、蹦、跳、跃较大运动的增多。

培养方法：这时期，是给孩子讲故事、寓言的好时机。在讲故事的过程中，要经常提问故事的真、善、丑、恶，这样既可提高其注意力，又可锻炼其思维、分析能力。为了促进大脑和肢体的同时发展，可以配合唱歌、跳舞、赛跑和其他游戏，因为这时孩子开始习惯表现自己，已有了竞争的意识，所以要借助这些活动让他们充分地显示自己。这样，既可以促进孩子思维的发育，又可促进其进取心、好强精神的发展。3 岁半到 4 岁时，可教孩子计算，但是这时大部分孩子的计算能力尚比较差，即使有计算能力，仍然是以实物为主。因为这时孩子大脑的计算中枢尚未发育，仅为初级开始启动阶段。

（五）4～5 岁是幼儿阅读和数学计算能力迅速发展的阶段，是适应社会能力开始发展的时期

其表现是：语言连贯性加强，词汇量增多及语言进度加快。小朋友之间交往增加，对天气的阴、晴、风、雨及春、夏、秋、冬四季的气候变化逐渐适应，知道自己更换衣服等，对动物或公路上的行人、车辆会躲避，会保护自己，这些都是孩子将要走向社会、走向独立的标志。

培养方法：为了增强语言能力，要让孩子多念或背诵歌词、顺口溜、绕口令、故事，锻炼记忆，激发其思考能力，还可以让孩子在客人面前讲话或练习讲演，以增强其语言表达能力。另外，父母还要经常给孩子讲述伟大人物的英雄事迹、大自然的奥秘等，激发其去主动学习知识，树立远大志向。这个时期，不要把重点放在认识几个字或学习什么具体知识上，主要是培养孩子有求知愿望及学习知识、探索未知的兴趣，逐步养成良好的学习习惯。由于这个时期运动能力发展较快，孩子对在外界环境中玩耍特别感兴趣，上墙爬高，模仿电影电视中的故事，舞刀弄枪，颇感得意，

尤其是男孩子，这时要想让其每天老实地在室内学习是不容易的。这时期重要的是安排好一天的时间，要让孩子有玩、有学、有休息的时间，保持情绪稳定，逐渐养成能坐下来学习的习惯。

爸妈是孩子早教最好、最重要的老师，可以把早期教育结合在孩子平时的生活活动中，鼓励、诱导和帮助孩子致力于自我活动，以此获得实际的知识和经验，让早教融于生活之中。通过对孩子成长关键期的积极早教，可以充分挖掘孩子的潜能，使孩子的反射能力、空间感、身体协调能力及智商等各方面都能得到合理的开发并有所提高，从而避免未来生活中不必要的学习障碍，同时也为培养社交能力及养成良好行为习惯奠定基础。

什么样的禀赋气质，就有什么样的命运

禀赋气质是一个很古老的概念。是指个性中典型的、稳定的心理特点，表现为心理活动的速度（如言语速度、思维速度等）、强度（如情绪体验强弱等）、稳定性（如注意集中的时间长短）和指向性（如内向或外向）等方面的特点和差异组合。例如，有的人情绪和活动发生得快而强烈，外部表现非常明显，喜怒哀乐皆形于色；有的人情感和活动发生得缓慢而微弱，外部表现不显著，表情冷淡，对任何事情似乎都无动于衷，这些都是禀赋气质的表现。

禀赋气质使人的全部心理活动都具有独特的色彩，不同禀赋气质的人的行为特点、言语速度、情绪类型、思维习惯、交往风格、性格特征都有各自明显的特色。这些特色反映在他的一切心理活动中，并直接影响性格的形成和个性的发展。因此，不同的禀赋气质也决定了不同的命运。

早在古希腊时期，医学史上杰出人物之一希波·克拉底就提出：人的体内含有四种体液，分别是血液、黏液、黄胆汁和黑胆汁，这四种体液形成了人体的性质。其他的古代医学家为了说明人体的性质和区别，提出了禀赋气质这一术语，并且根据这四种体液中哪一种在人体内占优势，把人的禀赋气质相应的分为四种类型：血液在体内占优势的称为多血质，黏液占优势的称为黏液质，黄胆汁占优势的称为胆汁质，黑胆汁占优势的称为抑郁质。

四种禀赋气质最主要的心理特征如下：

（一）胆汁质

具有胆汁质禀赋气质的人精力旺盛，热情直率，意志坚强；脾气躁，不稳重，好挑衅；勇敢，乐于助人；思维敏捷，但准确性差。他们心理活动的明显特点是兴奋度高，不均衡，带有迅速而突发的色彩。

（二）多血质

这种人的行动有很高的反应性，他们容易适应新环境，结交新朋友，具有高度可塑性。他们给人以活泼热情、充满朝气、善于合作的印象。但他们的注意力容易转移，兴趣容易变换，很难适应要求耐心细致的平凡而持久的工作。这种人属于敏捷好动类型。

（三）黏液质

属于黏液质的人缄默而沉静，由于神经过于平静而灵活性低，反应比较缓慢。这种人常常严格地恪守既定的生活秩序和工作制度，注意力稳定且难转移。给人的外表感觉为态度持重，沉着稳健，不爱作空泛的清谈。这种禀赋气质类型的不足之处是有些固执冷淡，不够灵活，因而显得因循守旧，不易合作。黏液质的人最合适于要求持久、有条理、冷静的工作。

（四）抑郁质

这种人具有较高的感受性和较低的敏捷性。他们反应缓慢，动作迟缓，缺乏生气，不爱交际。他们的主动性差，在困难面前常常优柔寡断，面对危险常常恐惧畏缩。这种人很少表现自己的情感，而内心体验则相当强烈。具有这种禀赋气质的人往往富于想象，善于体察他人情绪，对力所能及的工作任务，具有较强的责任心和完成任务的坚忍精神。

从心理现象来说，禀赋气质决定着孩子各种正常行为的表达方式，其本身是中性的，无所谓好与坏。但每一类禀赋气质对于环境因素都有易接受性和易损伤性两面，表现为某一类型的禀赋气质对某一心理过程较为占优势，但对另一心理过程并不占优势。比如，我国心理学家林崇德就曾通过研究表明，不同禀赋气质类型的人具有不同的记忆优势。

心理学家们常从对禀赋气质的不同维度，对儿童以后行为的特点进行预测。有人运用托马斯的三类型划分，发现从总体上讲：难以照看型禀赋气质的儿童和缓慢发动型禀赋气质的儿童比容易照看型禀赋气质的儿童的学习成绩差一些。同时，具有专注、持久、适应性强禀赋气质特征的儿童比缺乏这些特征的儿童在课堂上表现更好。那些注意力持续时间短、容易分心的儿童难以完成学习任务，由于对新学习环境的适应时间过长可能会引发其他适应困难，导致学业困难。而且，难以照看型禀赋气质的儿童在不利的环境下发生各种行为问题的可能性较其他儿童大。再者，难以照看型的禀赋气质与攻击行为以及非攻击性的反社会行为有关。

还有学者从禀赋气质方面研究行为连续性的行为预测。研究者发现，在生命的头 4 年中，儿童的行为与 4 个月时的禀赋气质具有连续性。也就是说，呈高负性情绪的 4 个月的婴儿，在随后的 4 年里也会呈现出连续的社会退缩。而在高水平的积极反应的婴儿中，也会在随后的 4 年里呈现出连续的积极反应。

可见，一个人的禀赋气质具有极大的稳定性。这种稳定性很早就会表现在儿童的游戏、作业和交往活动中。当然，在环境和教育的影响下，随着年龄的增长和阅历的变化，禀赋气质也会有所变化，但与其他的心理特征相比较，禀赋气质的变化要缓慢得多。近些年来，人们研究发现，禀赋气质也可以间接地受到环境因素的影响。例如，通过对不同环境中的孕妇所生的婴儿在禀赋气质方面的统计数据，得出的初步结论是，在争吵和狗叫的嘈杂的环境中出生的婴儿比较敏感，爱哭；而在和谐的环境中出生的婴儿性情比较温顺。这项研究说明：禀赋气质间接地受环境的影响，是具有可塑性的。

在实际生活中，我们也可以遇到四种禀赋气质类型的典型代表人物，但绝大多数的人属于混合型。每种类型的禀赋气质中都有积极的一面，也有消极的一面，重要的是调动禀赋气质中的积极因素，克服消极因素。无论哪类禀赋气质类型的人都可以取得出色的成就。

因而，对于孩子的教育，一方面，要注意根据孩子的不同禀赋气质特征，采取不同的教育措施：对抑郁质的孩子，要给予更多的关怀、体贴和鼓励，让他们放开手脚；对胆汁质的孩子，要更加耐心、细致，加强培养其自制力；对多血质的孩子，要着重培养其踏实、耐心、专一的品质，防止懒怠和见异思迁，犯了错误，应允许在改正过程中有反复(因为他们接受批评快，忘记也快，毛病容易重犯)，只要他们逐步有改进，就要及时鼓励；对抑郁质的孩子，如请他们回答问题时，要给予足够的反应时间，不能强迫他们表态，也不能放松对他们的督促。另一方面，要充分发扬某种禀赋气质的优点，尽量克服缺点。实践证明，良好的教育，可以使各种禀赋气质的人表现出较多的优点和较少的缺点。

此外，读书也是改变禀赋气质的最佳方法之一。曾国藩曾对儿子曾纪泽说："人之禀赋气质，由于天生，本难改变，唯读书则可变化禀赋气质。古之精相法者，并言读书可以变换骨相。"读书不仅能获取知识，更能够提升人的精神境界。"腹有诗书气自华"。如能养成经常读书的习惯，日积月累就会使人脱离低级趣味，养成高雅、脱俗的禀赋气质。宋人黄山谷曾说："人胸中久不用古今浇灌之，则尘俗生其间，照镜觉面目可憎，对人亦语言无味也。"不读书，即使美女俊男，与人交谈，也会变得风韵全失、索然寡味，平白辜负了一张好脸，并且觉得面目可憎。读书，会使人的精神不再贫乏，人生不再苍白；读书，会使人成为明事理、知善恶、辨美丑的人；读书，会使人禀赋气质脱俗，充满灵性。读书是一种润物细无声的精神滋养，持之以恒，可以使自己拥有优雅的禀赋气质。

什么样的禀赋气质，决定什么样的命运。改善禀赋气质、重塑禀赋气质就能让孩子变得优秀卓越、卓尔不群，从而创造出美好的未来。

即便真的是天才，也得努力才行

培根曾经说过："据我所知，在任何知识领域，从来没有哪一本书，或者哪一种文学作品，或者哪一种艺术流派，其创造者没有经过长期艰苦的创作就获得了流芳百世的名声。天才需要勤奋，就像勤奋成就天才一样。"

一个人的进取和成才离不开天赋、环境、机遇、学识等外部因素，但最重要的是，依赖于自身的勤奋与努力。即使是资质不佳的人，只要持续不懈的努力，也能创造出让人意想不到的成就。而如果缺少努力，即便真的是天才，也只会碌碌无为。

在王安石的文言文《伤仲永》中，讲了一个叫仲永的人从小就天资聪慧，与众不同。仲永4岁时便可以吟诗作赋，这个消息很快传遍了乡里。不少达官贵人、乡绅土豪都想目睹"神童"的才华，所以仲永父亲就领着他四处走访。日复一日，因为仲永没有再下苦功夫去学习，整天游走在人们的赞美声中，到了十几岁时就跟常人没什么区别了。

为何聪慧的天资会因为不努力而夭折消逝呢？

大家都有这样的体会：脑子是越用越好用，越努力钻研越灵敏。因此杜甫说："读书破万卷，下笔如有神。"马克思也说："搬运夫和哲学家之间的原始差别要比家犬和猎犬之间的差别小得多，他们之间的鸿沟是分工掘成的。"

有人统计，世界各国从公元1500—1900年，共涌现出364位杰出的科学家和1057项重大成果，其中早慧人数仅占18%，其成果占24.6%。它表明在杰出的科学家中间，确实有早慧者，但不能证明所谓天才的科学发明家都是早慧者，也不能用早慧者来证明人的聪明才智是天赋的结果。据生理学家研究，人脑的细胞有140亿～160亿个，一个脑细胞可以接收数千个不同的信息量。人脑能储存的信息量相当于5亿本书。可是，人脑细胞大约只用了1/10，用得最多的也不过1/5。这里大有潜能可挖。

辩证法承认差别，既然有的人智力低下，有的人有特异功能，从智力低下到特异功能之间的中间区域不应该断档，应该是连续变化的。这种变化就是潜能的开发变化。而潜能的开发却必须经由持续的努力才能实现。因此，若不努力，潜能量开发的再多，再有天资，也会朝低能的方向连续变化，出现俗话所说的结果："10岁的神童，20岁的秀才，30岁的庸人，40岁的笨蛋。"

因此，一个人要想成功，必须靠勤奋努力，必须拥有永无止境的知识。只要努力，即使是没有天资的人，都可以有所作为。

现实生活中，人们钦佩大科学家爱因斯坦，钦佩他异乎常人的超常思维能力。因为人们无法解释他的智慧来自何处，所以归结为他是一个天才，他有一个与众不同的大脑。而爱因斯坦却否认自己是天才。

大科学家爱因斯坦小时候绝不是个"天才儿童"，他4岁时才会说话，9岁才懂阅读，父母和老师都认为他有点智力不足，长大以后，他的记忆力奇差，老是记不住课文，因此第一次参加联邦技术学院入学考试，名落孙山；他说："成功＝艰苦的努力＋正确的方法＋少说空话。"这是他著名的成功公式。伟大的发明家爱迪生也表示说："天才是1%的灵感加上99%的勤奋。"

梅兰芳年轻时拜师学戏，刚开始师傅说他根本不是学戏的料，不肯收他。为了弥补天资的缺陷，他变得更加勤奋。他喂鸽子、养金鱼来练眼睛，每天锲而不舍，后来他的双眼终于熠熠生辉、脉脉含情，成为著名的京剧大师。

著名数学家华罗庚坚信"一分艰辛一分成果"，在数学领域中辛勤春耕，终于攻克了数学界一个又一个的壁垒，取得了胜利的皇冠。

居里夫人在法国读书时，每天早晨第一个进教室，晚上还要到图书室学习。回到自己的小屋后，她还常常在煤油灯下读到夜里一两点钟。

贝多芬年轻的时候就双耳失聪，之所以成为举世闻名的大音乐家，到达了胜利的彼岸，是因为他付出了比别人更多的汗水。

古今中外的故事都说明了一点：一个人的成功，重要的不是天才，而是努力。努力能让庸才变天才，不努力能让天才变庸才。

"精勤则道成，懒惰则道败。"懒惰是三天打鱼两天晒网，懒惰是怕苦畏难，懒惰是好逸恶劳。懒惰的人，注定学业无成，事业失败，生活混乱，最后两手空空；而努力的人必定会用汗水和勤快，赢得生活的灿烂和人生的辉煌。

正如雷诺兹所说的："有一个理念，会遭到虚度岁月的人、无知的人和游手好闲的人的强烈反对，我却不厌其烦地重复它。那就是：你千万不要依靠自己的天赋。如果你有着很高的才华，努力会让它绽放无限光彩。如果你智力平庸，能力一般，努力可以弥补全部的不足。如果你目标明确，方法得当，努力会让你硕果累累。没有努力，你终将一无所获。"

青少年正处于为成功奋斗的黄金时期，更需要扬起"努力"的风帆，搏击风浪，驶向成功的彼岸。天底下通向成功的道路并不是为"天才"开通的，而是为那些肯于努力的人开启的。努力是攀登科学高峰的基础；所谓"书山有路勤为径，学海无涯苦作舟"，正是深刻地阐明了：要想攀登上万仞高峰，必须有"努力"作基础。

你相信所谓的命运吗——
信命的好处和弊端

　　"命运"是一个与人类的生存发展息息相关的古老话题。从古老的紫薇斗数、生辰八字、面相、手相、骨相，到现代的血型、星座……五花八门的分析工具层出不穷，反映出人们对于破译命运密码的热切渴望。人们听到命运时，常常要么奉若真理，要么嗤之以鼻。

　　对此，年纪大的人常相信：一个人的生死成败、贫富得失是跟他的命运有关的。在冥冥之中，有一种超人的神秘力量在支配人世间的祸福。有的人天生就是它的宠儿，名誉、地位、财富无须祈求便从天而降，大多数人则是它肆虐淫威的对象，它无情地撕毁了美好的愿望，践踏辛勤的努力，把向往美好生活的人们打入苦难的深渊。于是，人们在它面前束手无策，只好任其摆布，认命地叹息出"命中有时终须有，命中无时莫强求"这句古往今来一直被广为诵念的谚语。

　　但是，年轻人大都是不相信命运的。他们用最大的冲劲去面对生活，用最坚决的行动去追求财富，也用他们最刻薄的话语去嘲笑那些讨厌的相士和预言家们，使他们感到非常难堪。如果有人要跟他们谈论命运，他们也会笑而不答，不把这些预言放在眼里。

　　你相信所谓的命运吗？对于人生的境遇来说，信命到底好不好？大千世界，有人相信命运，有人却不相信。古往今来，从无例外。相信命运，有一定的好处，却也有一定的弊端。

刘邦屡败屡战，终于获得最后胜利；项羽相反，垓下一败，自刎而亡。刘备失了荆州，张飞引咎意欲自尽，刘备却说："得何足喜，失何足忧。"

阿Q拥有"精神胜利法"，挨了一顿打，回来一想，只当"儿子打了老子"，立即心平气和。但广州郊区朱村也曾有一对恋人，仅因小事口角，男的盛怒之下，把天那水淋满自己一身，引火自焚，烧成焦炭。

人生路上，一得一失，人与人之间的心理反应都大不一样。当一个人突然陷入逆境，或突遭飞来横祸，首先而又最重要的，是保全自己，而在保全自己之中，第一重要的又是防止精神陷入崩溃。豁达处之，未必人人都做得到；理智有时也会失去控制；而"精神胜利法"据说是一种"国粹"，细想起来又未免有点可笑。于是，在这样的时候，相信命运，不失为一种"反客为主"的好方法。信命就像中国古代的"乐天安命"思想，可说是最可靠的"心灵调理术"。乐天者，保持愉快，安命者，宠辱不惊。在个人小运前，即使彩票中了大奖，只是稍稍高兴而已；即使夜行遇盗，被劫一空，只当破财挡灾而已。"历阳之郡，一夕沉而为湖；长平败卒，一夕坑死四十万"。在群体大厄运前，调节心情，找到心灵支撑点。"心灵调理术"的目的在于保全自己，信命只是其中一种行之有效的手段，与所谓的迷信无关。

当然，信命却并非只有好处，如果认为可以将人生交给所谓的命运去安排，自身不去努力学习和完善自己，人生也会越来越好的话，人们为什么还要做那么多叫人头痛的工作？倒不如回家睡大觉，免得每天担心上班迟到扣奖金、生病请假扣工资。若真是如此，人类也谈不上万物之灵长，谈不上生存发展和进步了。

57

曾听人讲过这样一个故事：

某人在屋檐下躲雨，看见观音正撑伞走过。这个人说："观音菩萨，普度一下众生吧，带我一段如何？"观音说："我在雨里，你在檐下，而檐下无雨，你不需要我度。"这人立刻跳出檐下，站在雨中说："现在我也在雨中了，该度我了吧？"观音说："你在雨中，我也在雨中，我不被淋，因为有伞；你被雨淋，因为无伞。所以不是我度自己，而是伞度我。你要想度，不必找我，请自找伞去。"说完便走了。

第二天，这人遇到了难事，便去寺庙里求观音。走进庙里，才发现观音像前也有一个人在拜，那人长得和观音一模一样！这人问："你是观音吗？"那人答道："我正是观音。"这人惊讶着又问："那你为何还拜自己？"观音笑道："我也遇到了难事，但我知道，求人不如求己。"

连观音都"求"自己，"拜"自己，我们还有什么理由去相信什么所谓的大师和星座占卜"预言"的命运呢？命运掌握在自己手里，不论遭遇怎样的困境，都不要放弃自助。因为虽然每个人都有需要帮助的时候，尤其是涉世未深的青少年们，更是需要物质和精神上的帮助支持，但是有时外部的帮助是一种幸运，有时却又容易埋下让人依赖和懒惰的因子。"逆境出人才"，只有鞭策和迫使孩子自立自助，才能使孩子成长并成功。

作家哥德斯午斯早年生活很坎坷，他曾以卖唱为主，并且遭受过难堪的嘲笑。大文豪狄更斯曾是个鞋店的学徒。他的父亲因欠债而入狱，使得少年的狄更斯也在监狱里面度过了一段日子。俄国文豪高尔基曾是个可怜的流浪汉，他赤着双脚走过俄罗斯不少地方。杰克·伦敦的生活也曾很悲惨。忍饥挨饿，衣衫褴褛，居无定所，是他早期生活的写照。大魔术家忒斯顿，幼年无家可归，常常躲在戏院的炉子旁边睡觉。有一次，煤火还烧去了他一撮头发。名剧《夏雨》的作者莫芬先生，在未成名的时候，他的作品根本没有一家出版商愿意出版。一个名演员在看过他的名剧《夏雨》之后，愤然丢在地上，大骂莫芬是浑蛋，连文句也写不通顺。卡耐基小的时候贫困交加，不得不靠为别人打零工糊口。

如果这些伟人也因相信命运而坐等命运的救助，那么他们绝不可能会有后来的成就。

因此，客观来看，命运和人生一样，是个中性词，有其自然属性和社会属性，会受到自然和社会的影响、制约，但是命运归根结底掌握在自己的手里，需要自己去拼搏。

境遇往往难测，命运在于拼搏。我们不可相信的是命运的不可变性：世上唯一的真理就是万物皆在运动、在改变。不是变得更好，就是变得更坏。而好与坏的关键，在于自己的心态。让境转心，则心被束缚；让心转境，则境随心美。

我们需要相信的是命运的因果：一分耕耘，一分收获。再多的逆境都只是为了能将人磨炼得更加坚强有力，从而驾驭更大的成功。

信，就信命运的积极，不信命运的消极。如此，我们会发现、拥有、创造更多的积极。

依靠，就依靠自己的努力，不依靠自己的运气。如此，我们会开发更多的潜能，会更加独立自主奋进——未来的美好，由此而来。

强力者相信自己，不自信者相信命运

易学专家魏吴贾先生认为：人的命运受到社会环境、家庭环境、自然环境、学习环境、工作环境和社会环境的影响，但更为重要的是人自身的素质。自身的素质包括先天的生理机能，如天赋、智商，也包括后天形成的品格、道德、意志、理想、知识、才能等。

强力者相信自己，不自信者相信命运。一个没有远大抱负的人、一个愚昧无知的人、一个品德低下的人、一个不敢面对困难的人，即使有再好的环境也难有大的作为。相反，一个素质好的人在恶劣的环境中也会有所作为。

美国人约翰·富勒有7个兄弟姐妹，他从5岁开始工作，9岁时会赶骡子。他有一位了不起的母亲，她经常和儿子谈到自己的梦想："我们不应该这么穷，不要说贫穷是上帝的旨意，我们很穷，但不能怨天尤人，那是因为你爸爸相信命运，相信我们就是穷人，所以从未有过改变贫穷的欲望，使得家中每一个人都胸无大志。"这些话深植富勒的心里，他一心想跻身富人之列，他相信自己可以掌控自己的命运，所以开始努力追求财富。

12年后，富勒接手一家被拍卖的公司，并且陆续收购了7家公司。有记者采访富勒时，问其致富秘诀时，富勒用多年前母亲说的话回答："我们很穷，但不能怨天尤人，那是因为爸爸相信自己就是穷人命，从未有过改变贫穷的欲望，家中每一个人都胸无大志。然而我不相信命运，我相信自己，所以我努力地成为一个富人。"

在多次受邀演讲中，他说道："虽然我不能成为富人的后代，但我可以成为富人的祖先。"

为什么富勒的先天条件并不好却能够成就事业？关键就在于他不相信命运，只相信自己的努力。而大部分穷人之所以一辈子都是穷人，则是由于他们缺乏信心，将自己的人生全权交给了命运。

纵观古往今来的人类历史，那些作出卓越成就的英雄伟人，其先天条件大都并不优越。相反，不少先天条件优越的人，却庸庸碌碌地过了一生。

我们出生的家庭、性别、相貌、高矮、时代及社会是我们自己所不能选择的，我们命运的一部分是先天注定的。但也仅仅是一部分而已，人的命运并不是由这些因素决定的。而且，这些因素主要是先天的因素，是一些固定的生理和社会基础，它们对人生的影响是有限度的，并且不是起决定作用的。个人的人生和命运，主要取决于个人后天的努力，取决于个人后天的个性、精神等因素。而个人的家庭、生理基础及时代环境，仅仅提供了一个人生斗争的平台而已。它们并没有决定结果，只是规定了人生的起步。起步高的人，物质基础占有优势，但同时拼搏奋斗的精神基础却也相对薄弱；起步低的人物质基础处于劣势，却也激发出来强烈的创造、改变命运的欲望和拼搏精神。这样，二者努力的程度和坚持的力度也不一样，因此，起步高的人，如果没有受到良好的教育的话，就会流于无所作为，而起步低的人反而更容易成就一番事业。这也验证了古话所说的："三十年河东，三十年河西""自古雄才多磨难，从来纨绔少伟男"。

相信命运，会任由命运摆布，从而失去抗争困境的勇气和动力；相信自己，会依靠自己奋进，从而收获创造成功的激情和实力。

1994年美国导演弗兰克·达拉邦特执导的影片《肖申克的救赎》引起了极大的轰动：在肖申克的监狱里，布鲁斯代表了一类人。布鲁斯在监狱里度过了50年的时间，他已经习惯了监狱的生活。当他刑满释放的时候，发现社会上的一切都变了，他觉得自己与周围的生活、工作格格不入。他没有朋友，生活习惯也已经完全被监狱所同化，在超市工作上厕所前都会向店长打报告。获得自由的布鲁斯选择了自杀的方式来结束自己的生命。对于他来说，命运将他送入监狱之后，就不再挣扎，也没有了梦想。听从命运的安排、服从监狱的要求，就是自己的生活方式。出狱不是解脱、不是自由，而是在承受着心灵的煎熬。布鲁斯早已不再同命运抗争而是屈从于命运的安排。

坎坷的命运固然会禁锢人们的肉体，但是人的心灵仍然是由自己来掌控的，是他人永远无法毁灭的。安迪就走出了一条与布鲁斯截然不同的道路。主人公安迪被冤枉入狱，他看似平静的表面，实则藏着一颗不屈从的心。当别人都在抱怨自己是冤枉的，安迪从来都默不作声，悠闲地散步，但是他从来就没有放弃过获得自由的希望。即使身处监狱，他也在竭力按照自己的想法做事。为了扩大肖申克监狱的图书馆，他坚持给州议员写信，不间断地写，一直到州议员终于拨给了他一些微薄的东西来应对他。安迪仍然不满足于此，为了能够获得更大的帮助，他坚持继续写信，直到他的要求被满足，他成功地扩建了肖申克监狱的图书馆，还辅导监狱里的狱友学习，帮助他们获得高校的学位。

在一次偶然的机会，他找到了能够证明自己无辜的证人，当他极力要为自己翻案的时候，监狱长为了将安迪稳住，帮他在监狱里洗钱时，杀死了唯一的证人汤姆。无奈，安迪又只能放弃这次希望，但是他仍然在同命运抗争。在替监狱长洗钱的时候，安迪凭借自己的睿智，凭空编造出来一个虚拟的人，收集了监狱长洗钱的罪证，也在不断为自己的逃离做好各个环节的准备。监狱长曾经告诉安迪，"把你的信念交给《圣经》，把你的贱命交给我"，这并没有让安迪放弃对自由的追求，安迪用小小的铁锤凿出一条逃离的洞，用几十年的时间完成了要600年才能完成的任务，成功地为自己铺就了一条希望之路。

安迪始终没有放弃对自由的向往和追求，无论身处的环境多么恶劣、前途多么渺茫，他都不愿意屈从于命运的安排，更不愿意在被冤枉的罪名下浪费掉自己的生命。他越狱成功，并且成功地让监狱长受到了应有的惩罚。

《肖申克的救赎》就是不信命运、信自己，任何时候都不放弃希望。只有依靠自己的努力才能为自己在黑夜点燃一盏长明灯，照亮自己前行的道路。对于每一个人来说，无论遭遇到什么样的境遇，真正的自由都是由自己的内心来掌控的，而不是命运的安排。只要心怀希望，相信自己，靠着自己的顽强奋斗，就能够到达成功的彼岸。

命运由自己做主，人生由自己把握。当遭遇到人生的坎坷时，不自信的人常常会相信命运，任凭命运的摆布，而强力者则会选择相信自己，用自己的不懈努力开辟出一条光辉的道路。

我们不能选择自己的身体和时代环境，但是，命运却掌握在自己的手中。只要我们不断地努力增强自己的能力，即便人生起点很低，也可以因自己强有力的素质，创造出辉煌灿烂的人生。

与命运抗争，不要向命运屈服

1967 年夏天，美国跳水运动员乔妮·埃里克森在一次跳水事故中，身负重伤，除脖子以上全身瘫痪。乔妮哭了，她躺在病床上辗转反侧。她怎么也摆脱不了那场噩梦，为什么跳板会滑？为什么她会恰好在那时跳下？不论家里人怎样劝慰她，亲戚朋友怎么安慰她，她总认为命运对她实在不公。

出院后，她叫家人把她推到跳水池旁。她注视着那蓝盈盈的水波，仰望那高高的跳台，痛苦不堪——她再也不能站在那洁白的跳板上了，那蓝盈盈的水波再也不会溅起朵朵美丽的水花拥抱她了。她掩面痛哭了起来。

从此，她被迫结束了自己的跳水生涯，离开了那条通向跳水冠军领奖台的路。

在亲友的开导下，终于，绝望的她拒绝了死神的召唤，开始冷静思索人生的意义和生命的价值。她借来许多介绍前人如何成才的书籍，一本一本认真地读了起来。她虽然双目健全，但读书也是很艰难的，只能靠嘴衔根小竹片去翻书，劳累、伤痛常常迫使她停下来。休息片刻后，她又坚持读下去。

通过大量的阅读，她终于领悟到：我虽然残疾了，但许多人残疾后，都在另外一条道路上获得了成功，他们有的成了作家，有的创造了盲文，有的创造出美妙的音乐，我为什么不能？于是，她想到了自己中学时代曾喜欢画画。我为什么不能在画画上有所成就呢？想到这儿，这位纤弱的姑娘突然变得坚强与自信起来。

她拿出了中学时代曾经用过的画笔，用嘴衔着，开始练习。这是一个多么艰辛的过程啊！用嘴画画，她的家人连听也未曾听说过。他们怕她不成功而伤心，纷纷劝阻她："乔妮，别那么死心眼儿了，哪儿有用嘴画画的，我们会养活你的。"可是，他们的话反而坚定了她学画的决心，"我怎么能让家人一辈子养活我呢？"她更加刻苦了，常常累得头晕目眩，咸咸的汗水把双眼弄得辣痛，有时委屈的泪水甚至把画纸也打湿了。为了积累素材，她还常常乘车外出，拜访艺术大师。好些年过去了，她的辛勤劳动没有白费，她的一幅风景油画在一次画展上展出后，得到了美术界的好评。

乔妮又想到要学文学。她的家人及朋友们又来劝她："乔妮，你绘画已经很不错了，还学什么文学？那会更苦了你自己的。"她是那么倔强、自信，她没有说话。她想起一家刊物曾向她约稿，要她谈谈自己学绘画的经过和感受，她用了很大力气，可稿子还是没有写成。这件事对她的刺激太大了，她深感自己写作水平差，必须一步一个脚印地去学习。

这是一条布满荆棘的路，可是，她仿佛看到艺术的桂冠在前面熠熠闪光，等待她去摘取。是的，这是一个很美的梦，乔妮要圆这个梦。终于，又经过许多艰辛的岁月，这个美丽的梦终于成为现实。1976年，她的自传《乔妮》出版后，轰动了文坛，她收到了数以万计的热情洋溢的信。又是两年过去了，她的《再前进一步》一书也问世了，该书以作者的亲身经历，告诉残疾人应该怎样战胜病痛，立志成才。后来，这本书被搬上了银幕，影片的主角就由她自己扮演。她成为青少年们的偶像，从她的身上，人们看到了一个女孩跨越艰难与困境，与命运顽强抗争，不向命运屈服的精神，看到了面对命运进行自我突破的勇气和动力。

人生总有曲折磨难，这就是每个人不可摆脱的命运，是每个人不可逃避的现实。在命运的转折点上，应该如何去看待，如何去应对，就全看自己了。

在人生成长路上，青少年常常会和多数人一样，容易在遇到挫折的时候，对所追求的理想心灰意懒、丧失动力；容易在不顺的命运面前萎靡退缩、不思进取。他们会认为命运是残酷的，并渐渐变成胆小的人，失去与命运抗争的动力和能力。这也是直接导致青少年未来会失败的重要原因。

在人生中，真正重要的，并不是偶发事件，而是我们如何面对这些事件。

当一个人面对命运的挑战时，一是要敢于正视它而不是消极地回避它，怨天尤人往往于事无补，应该保持积极、乐观、理智的人生态度。二是要客观、冷静地分析困境产生的原因，特别是要多找找自身主观上的原因，从而找到战胜挫折的出路和方法。找到了失败的原因就离成功不远了，找到了克服挫折的方法就已经踏上了成功之路。三是要树立与命运抗争的信心并保持不屈服命运、越挫越勇的顽强毅力。

各种不同的人生，是由各种不同的心态创造而来。绝不能因为对命运的错误认识而阻碍自己的前途。当人面临困境时，就是向命运挑战的时候，要有拒绝失败的勇气。拒绝失败的人，在一个地方吃了闭门羹，会去敲另外一扇门，一次又一次地不断敲门，直到被接受为止。

伟大、高贵人物最明显的标志，就是拥有坚忍的意志，不管环境如何恶劣，自己的初衷与希望不会有丝毫的改变，并将最终克服阻力达到所期望的目的。很多事业成功者，尽管出身贫寒或学历较低，但都白手起家创大业，赢得了令人羡慕的财富和荣誉。他们创业时不是一帆风顺的，甚至还有过大起大落，但几经沉浮，最后他们成功了。命运的困境不会长久，不屈服的强者必然胜利。因为人有着惊人的潜力，只要立志发挥它，就一定能渡过难关，成就生命的辉煌。

因而，人永远不要认为自己已经受了太多的苦，再承受下去会支撑不住；不要认为自己已经失败很多次，所以再试也是徒劳无益；不要认为自己已经跌倒过太多次，再站立起来也是无用的。对于意志永不屈服的人来说，绝对没有什么失败。不管失败多少次，时间怎样晚，胜利仍然是会到来的。有些人虽然已丧失了他们所有的一切，然而他们还不算是失败者，因为他们仍然有着向命运抗争的意志和永不屈服于命运的精神，所以他们总能超越和克服困难险阻，东山再起。

再也没有哪种失败，比屈服于命运的暴风雨，放弃抗争更加不可救药。不管黑夜多么漫长，不管前方多少障碍，只要具备了与命运抗争、不向命运屈服的信心、毅力和精神，任何人都能证明生命的伟大和不屈，拥有成功幸福之花绽放的权利和自由。

天赋＋机遇＋努力＝成功

成功是我们每个人都深切渴望的，决定着我们每个人的目标和方向。

怎样才能成功呢？纵观古今中外，大凡成功人士都具备了三个要素——天赋、机遇和努力。

天赋，是一个人所具备的最起码的自身素质，是走向成功的内因。就像鸡蛋孵小鸡一样，一块鹅卵石，样子再像鸡蛋也不会孵出小鸡。天赋，决定着你究竟能够取得多大的成功。正如爱迪生那句被断章取义了几十年的著名论断中说的那样，真正的成功，往往取决于你那1%的灵感，而这1%

却是你如何努力都得不到的，这是天赋。努力能够让你变得优秀，但天赋加上努力，你就可以成就卓越。努力奠定了你在一个行业中的下限，努力是基础；天赋决定了你在一个行业当中所能达到的上限，天赋是上层建筑。因此说，要想成为成功人士，首先得是这方面的"材料"。

天赋可以创造和提升吗？答案是对于人自身而言不可，但是对于人的下一代却是可以实现的。相关科学研究证明：只要父母亲能够开发出巨大的潜能，懂得优孕优生优育，孩子的天赋值将大大提升。

第二个成功元素就是机遇。所谓机遇，指的是一种好的时机和境遇，是人的才能得以表现的机会。在人类发展史上，许许多多的成功均始于偶然的机遇。而机遇也的确为各种事业的成功提供了有意义的线索和有价值的机会。那么，怎样才能把握机遇呢？

首先，要注意机遇的相对性。要善于从自己的兴趣、专长、气质等条件出发，客观地分析自己适合什么样的职业，抓住适合自己特点的机遇。有些人对唾手可得的机遇往往缺乏正确的分析，容易被一些表面现象所迷惑，盲目地认为自己抓到了"最佳机遇"，殊不知，有时正是这种"最佳机遇"限制了自己的发展，束缚了自己的手脚。

其次，要掌握机遇的时效性。常言道："机不可失，时不再来。"机遇的一个显著特点，就是其时效性。它常常是来得急，去得也快，不能及时把握住它，它就会悄悄溜走，再想捕捉就来不及了。

最后，请记住巴斯德的一句名言："机遇只偏爱那种有准备的头脑。"机遇从表面上看是一种偶然，但其背后又存在着历史的必然性。必然是偶然的基础，偶然是必然的一种表现形式。机遇对我们每个人来说无疑是很重要的，但是，如果你本身不具备一定的能力，就无法发现机遇，即使发现了也难以抓住机遇。这就要求我们培养一个"有准备的头脑"。即锻炼自己敏锐的观察力、准确的判断力、丰富的想象力和科学的预见性。从根本上讲，要从知识、能力、品格诸方面完善自己，提高自身的综合素质。这样你就会发现，机遇到处都有，即使受到挫折，也能从逆境中奋起，再创成功的契机。

对于创造性人才的成功来说，机遇确实是很重要的外部条件之一。但是，机遇只是给我们提供了一个有价值的现象或有意义的线索，能不能抓住这个现象或线索，通过自己的努力去获得成功，才是发展的实质和关键。

植物的种子要先穿越黑暗的泥土才能够在阳光下微笑；小鸟要无数次地起飞、降落，翅膀经历千锤百炼后才会在蓝天上翱翔。植物所需的阳光、小鸟坚强的翅膀都是上帝所给予它们的馈赠吗？答案是否定的，它们的成功，都是靠自己努力换来的！

伟大的发明家爱迪生说过："天才是靠99%的勤奋和1%的灵感。"要想取得成功就必须勤奋努力。如果不努力，是不可能驾驭成功的。

2009年，奥巴马访华，在回答复旦大学学生"如何才能走上成功的道路"的提问时说："成功的人都是那些愿意不断努力工作的，同时还不断地通过寻找新途径进行提高的人，他们不仅仅是接受现状、接受常规，而是不断地努力更新和改进的人。他们不满足于现状，一直在扪心自问，看看是否能够以不同的方式来解决问题，不管是在科学领域，还是在艺术领域，只有这些人才能出人头地。"

的确，纵观古今，人类的每一种行为，每一种进步，都与自己的努力息息相关，离开了努力，人也就不能称其为人了。正是在这种意义上，历史上的许多学者都把"努力"理所当然地包括在"人"的定义里边。

曾听过这样一个故事：

在花园的泥土里有两颗种子。有一颗这样对自己说："我一定要努力成长，凭自己的力量，顶开种皮再穿破土壤，一定要出人头地。"可是另一颗却总是期盼着耕种者来施肥、锄草，还要太阳给予它充足的光照，它担心自己碰到坚硬的石头，扭伤了腰，又怕用力往上钻时，伤到了柔软的芽。就这样几个月过去了，这颗种子仍是种子，最后的命运就是成为母鸡的零食。

生活中总有悲欢离合，正像这两颗种子，有着不同的命运。但命运始终掌握在我们自己的手中，只要努力，就能开阔新视野、开放新思想、开辟新天地，打下成功的坚实基础。

作为成功必备的三元素，天赋是上限，但需要客观一点地去看待。因为人的潜能可以通过努力去挖掘。机遇也确实存在，有时候影响还非常大，但纵有最佳机遇，没有努力的奋斗去把握和发展，也会让良机毫无用处。

再者，天赋是先天决定的，我们自身无能为力；机遇是不期而至的，也不随主观意识而改变；只有努力一项完全是由我们自己决定的，因此，我们必须在这一项上狠下工夫。正如韩文公所说："业精于勤荒于嬉，行成于思毁于随。"可见，三者之中，关键是努力。

成功是自己争取的，命运是自己摆渡的。手握着船桨，坐在自己的"理想号"中，让我们充分运用自己的天赋资质，勇敢挑战迎面而来的巨浪，耐心寻找和渡过一个又一个机遇的关口，努力为自己撑起一片蓝天吧。

第三章

志向：上帝赐给有为者的礼物

不想做领袖，难以成领袖

　　人生不能没有理想、信念和追求。理想于思想中生，思想决定一切。"你是你所想的那样"，青少年若是没有当领袖的理想，那么也难以成为领袖。正如陀思妥耶夫斯基所说的那样："没有理想，即没有某种美好的愿望，也就永远不会有美好的现实。"

　　理想决定着青少年努力的方向，并在很大程度上决定着他们的生活道路及其存在价值。一个人如果失去了卓越的理想，就不会有前进的动力，他只能浑浑噩噩，庸庸碌碌，随波逐流，虚度年华。这样的人生是苍白的、毫无意义的。

　　理想，是人区别于动物的标志之一。没有理想的人，与动物无异。没有理想的人，就没有灵魂，没有精神支柱，没有个人的成长，空有一具躯壳，生活毫无意义。缅甸有句格言："没有理想的人像晕头鸡。"这样的人容易迷失前进的方向，庸庸碌碌，无所作为，志趣低下，不讲奉献于人，只图蝇营狗苟，为一己之私，不惜损害他人，甚至铤而走险，违法犯罪，步入黑暗深渊。

　　没有理想，就没有人类社会的发展，就没有人类自身的进步。

　　没有理想，人们就没有改造客观与主观世界的动力，就没有社会的发展，没有今天的物质文明和精神文明，没有人类自身的进步。

马加爵临刑前同《中国青年报》记者的对话，反思自己短暂的人生之路时说："我觉得没有理想是最大的失败。这几年没什么追求，就是很失败。"

他小时候曾经想当科学家，长大后不知道为什么，成了没有理想的人。他说："在大学的时候如果找工作不算一种追求的话，就没有什么追求了。以前嘻嘻哈哈的不觉得，现在回想起来，很失败。"由于没有理想和追求，他学习不怎么努力，也没有想过为社会国家做什么贡献，想到的关心的只是自己的那点心事；由于没有理想和追求，他迷茫，喜欢打牌，喜欢在打牌时钻牛角尖；由于没有理想和追求，他在内心出现落差时，没有东西支撑，难以保持心理平衡；由于没有理想和追求，他很在乎小事，不能宽容别人，发生冲动就无力抑制。

当他因恶性冲动而受到法律制裁之后，平静下来反思，才悟到人生不能没有理想和追求，才意识到"活着的价值为自己，但更多的是为别人"，"有信念的人，活着才会快乐"，"有信念的人，不会陷入琐碎小事之中，斤斤计较"。最后，他还以自己的教训告诫人们："希望每个人都能宽容别人，应有社会责任感"，"希望每个人都过得充实一点，有所追求"。

古语有云："鸟之将死，其鸣也哀；人之将死，其言也善。"马加爵虽然是一个触犯刑律的负罪之人，但他临刑前的反思，既是自我的醒悟，亦不失为有益的警世之言。

列夫·托尔斯泰说："理想是指路明灯。没有理想，就没有坚定的方向；没有方向，就没有生活。"

理想根植于人的需要之中，同时又体现着人的需要。不同的需要会产生不同的理想，需要的层次性决定了理想的层次性，一定需要的满足即是一定理想的实现。我们常说的"人各有志"就是这个意思。

古人云："志不立，天下无可成之事。"理想能使人们对未来充满信心，寄予热望，激励人们甘愿为它的实现而奋斗不息。人生的道路只有以崇高远大的理想之光来照耀，才会越走越宽广。

孔子的"三军可夺帅，匹夫不可夺志"，曹操的"老骥伏枥，志在千里"，王勃的"穷且益坚，不坠青云之志"，李清照的"生当作人杰，死亦为鬼雄"等，脍炙人口，是很多人自我激励的格言。列宁说过："如果他不是一个十足的庸人，他就要而且应该有理想。"

历史上，凡是为人类进步事业作出贡献的领袖，都是在崇高理想的激励下克服各种困难取得成功的。"大江东去，浪淘尽，千古风流人物"，指点江山，激扬文字，独领风骚，这正是英雄人物在理想的指引下所创造的非凡的历史画卷。爱因斯坦说："不管时代的潮汐和社会的风尚怎样，人总可以凭自己高贵的品质，超越时代和社会，走自己正确的道路……他们不追求物质的东西，他们追求理想和真理，得到了内心的自由和安宁。"

因此，当领袖的远大理想对成长为领袖是至关重要的。有了当领袖的理想，就有了明确的生活目的，有了明确的前进方向，能围绕实现这个宗旨的需要，从各个方面严格要求自己，锤炼自己，使自己成为于国家、于社会、于他人有益的栋梁之材。这种人，目标远大，心胸开阔，志趣高远，坦荡乐观，胜不骄，败不馁，不怕困难挫折，是生活的强者。

追求的目标越高，才能发展得越快，对社会就越有益，自我价值也将由此而得到展现。有了当领袖的理想，就会产生巨大前进的动力，为实现理想和奋斗目标努力去探索、开拓、进取，不断地完善自我、超越自我，直到成为卓越的领袖。

著名作家丁玲说得好："人只要有一种信念，有所追求，什么艰苦都能忍受，什么环境都能适应。"当领袖的理想，还能让青少年产生一种向上的追求，增进他们的坚忍和耐性，提升他们的心理素质，使他们去除生活中的种种阴影，忘掉生活中的伤痛和烦恼，用心去期待明天的天空更加明朗。

不想当领袖，难以成领袖。当领袖的理想是具备领袖实力的先决条件，是养成未来领袖的主导力量。因此，无论青少年的先天天资和外部条件如何优越，只有激发出他们想当领袖的欲望，建立起想当领袖的理想，他们才可能成为未来的领袖。

大志大成，小志小成，无志不成

"石看纹理山看脉，人看志气树看材。"一块精美的手表，有着精致的指针，镶嵌了最昂贵的宝石，但是如果缺少发条的话，它仍然毫无价值。同样，人也是如此，不管受过多么高深的教育，不管身体多么健壮，如果缺乏志向的话，对社会都毫无意义。

能否成就伟大的事业皆在其人之志。一个胸无大志的人，想做出成就是不可能的。而且，一个人的志向越高，他的才能就发展得越快。大志大成，小志小成，无志不成。

北京师范大学心理学教授许燕就志向的确立提出了"志商"的概念。他在杂志上发表文章指出，"志商"就是确立人生志向与目标的能力。一个人若缺乏极强的远大目标作为支撑，是无法获得全面发展的。

这一论断已被科学家的实证研究所充分证实。美国心理学家到一所大学里做了这样一个科学调查：调查发现即将毕业的大学生中有97%的人没有具体的远大目标，另外 3% 的人有具体的远大目标。事隔 30 年后，再对这些人进行追踪调查，其调查结果令人无比惊讶：当初 3% 的有远大目标的人的财富比 97% 的没有远大目标的人的财富加起来还要多得多。即使一样多，也是 1：30 的差距啊。这就是志向大小导致的成就的巨大差异。

科学家的实证研究把这一差异数量化了。为什么会有至少 30 多倍的巨大差异呢？为什么大志大成、小志小成、无志不成呢？

（一）志向越大，动力越足

我们知道，动力是一切之根本。任何一种行为或活动，若离开了足够的动力，都不可能发生。没有足够的动力，汽车不能奔驰，飞机不能飞行，轮船不能航驶，而人也只能是停滞不前，一事无成。

动力的源泉就是志向，志向的大小决定着动力的大小，从而决定着成就的大小。华罗庚明确指出："没有雄心壮志的人，他们的生活缺乏伟大的动力，自然不能盼望他们有杰出的成就。"只有大志，才能产生大动力，才能获得大成功，作出大贡献。

（二）大志还能带来持续发展

北宋大教育家张载说得好："志小则易足，易足则无由进。"无志者，平平庸庸，得过且过。小志者，只有浅近的目标，易于满足；一旦满足，必然停滞不前，不能持续发展。所以，只有"不安于小成，才能成大器"。大志者，有远大的追求，不会安于小成，停滞于小成，而能不断向上，不断挺进，持续发展。发展是硬道理，持续发展是更大的硬道理。只有树立大志，才能够实现个人的持续发展。无志无所作为，小志停滞不前，大志持续发展，志向大小导致人的发展和成就的巨大差距也就不足为奇了。

（三）只有树立大志，才能够把你的全部能量聚焦于一点

就好像凸透镜可以使阳光集中到一个焦点，从而引起燃烧一样，人的能量也只有通过树立大志在总聚焦效应下才能形成大突破，产生大聚变。美国著名文学家马克·吐温说："人的思维是了不起的，只要专注某一项事业，那就一定会做出使自己都感到吃惊的成绩来。"

大志者的整个人生时时处处事事都处于"总聚焦"的最佳受控状态，时时刻刻对准大志、围绕大志，所思所想所作所为都为实现大志作积累，从而确保大突破，获得大成功。

因此，人要有大希望、大前途、大成就，就一定要立大志。在这个世界上，之所以很多的人一生平庸，最大的原因就是他们没有大志，只有小志，甚至无志。中国古代先贤墨子说过："志不强者智不达，言不信者行不果。"这充分说明了一个道理：志向对于一个人的智慧有着极为重要的影响。就算智商再高，如果志向不高，人生成就也不会太大。

《三国演义》中的曹操曾经说过："夫英雄者，胸有大志，腹有良谋，有包藏宇宙之机，吞吐大地之志也。"这就是说，要想成为大成者，就要有大志与良谋。大志是成就事业的决定因素，人生也因大志而辉煌。所谓"不想当将军的士兵不是好士兵"就是强调要有大的志向。任何一个人要想成功，都必须树立大志，并使成功的强烈愿望渗透到人的潜意识中。

各个时代的伟大领袖们虽然在性格、能力、知识等方面各有不同，可是志向却惊人的大。

众所周知，1910年在一所小学里，当校长问到所有学生为什么读书时，一个12岁的孩子慷慨作答："为中华之崛起而读书。"这个孩子就是周恩来。还在上学的毛泽东，就给自己取名为"子任"，决心"以天下为己任"，

发出"为人，为国人，为世界人而学"，为建设美好未来而做有真才实学的救国"奇杰"的豪言壮语。18岁的刘少奇，则在他的床头刻下了"天下兴亡，匹夫有责"八个大字，用以自勉。17岁的马克思在考场上奋笔疾书，在《青年在选择职业时的考虑》中用粗犷遒劲的笔迹写道：要"选择最能为人类福利而劳动的职业"。美国最伟大的总统亚伯拉罕·林肯，当他20来岁时从边远地区第一次到大城市里见世面，看到街头巷尾贴满的花花绿绿的收购黑奴的广告时，林肯对同伴说出的感想是："总有一天，我要砸碎这可恶的制度。"韩国总统金泳三读高中时，写下了"金泳三——未来的总统"的大条幅贴在宿舍的墙壁上……

当我们走近一颗颗领袖的心灵，当我们呼吸到领袖们的气息时，领袖之所以成为领袖的真谛就会十分容易地被我们发现：就外因而言，是时势造领袖；就内因而言，则是志向造英雄。找到这一真谛，便可以很好地理解，为什么现实生活中成为领袖的人很少，平庸之辈很多。

大诗人席勒说得好："使人伟大或渺小皆在其人之志。"法国哲学家罗休夫柯也告诉我们："伟大的灵魂与普通的灵魂相比，不在于它情欲小、道德多，而在于它有伟大的抱负。"要获得大的成就，干出惊人的伟业，无疑要克服更多的困难，经受更多的考验，付出更大的代价，没有大志绝不可能做到。

"志之所趋，无远勿届，穷山复海不能限也；志之所向，无坚不摧"。青少年之志，诚该如此。

时光不会倒流，生命也不会重来，我们该怎样度过自己的一生呢？是碌碌无为而终，还是奋斗拼搏、为后世所敬仰。为避免给我们的人生留下遗憾，让我们从现在开始给自己树立一个远大的志向，朝着这个志向，奋斗终生吧！只有这样，我们才能走在通往大成的大道上。

越想成功的人越能成功

每件事，每种情况，或是每样物品的起源都是某个人心里的一个想法。在建房子之前，你总会先制订一个计划，再根据计划做出房子的蓝图，然后房子就会按照蓝图一步一步地修建起来。所有的有形物体都是这样产生的。我们会先做出大致规划，再进一步思考，描绘出具体的设计蓝图，至于设计的优劣，则取决于你的想法是条理清楚还是模糊紊乱。总之，一切都从想法发展而来。

世界七大奇迹、埃及的金字塔、罗兹的巨像都是人类在没有任何现代机械设施的条件下创造的。古人先在头脑中对这些宏大的工程做出初步设想，对其进行细致的设计。在长期的筹划准备当中，潜意识里往往会迸发出灵感，使他们能够跨过那些即使现在看来也难以逾越的障碍。人的想法无疑是充满创造力的，只是人必须有所想，才会有所创造。没有具体的设想，创造力就无用武之地了。

其实，在意识当中，潜藏着千百万个伟大的想法，它们能创造出比世界七大奇迹还要卓越的伟业。并且这些想法对于每个人都触手可及，我们可以像迈克尔·安奇洛一样设计出圣彼得堡大教堂那样的传世建筑。我们所处的生活状况以及一切的经历都是某些心理活动产生的结果。我们只可能成为我们想做的那种人，也只可能拥有我们想要的那些东西。我们所做的、所拥有的以及所处的状态都取决于内心所想，绝不会做出任何从来没有在头脑中出现的事。所以，要获得任何方面的成功，首先必须往这些方面去梦想，具备成功的欲望。做任何事，都要先让它在头脑里生根发芽。

20 世纪人类的一项重大发现，就是证实了思想能够控制行动。你怎样思考，你就会怎样去行动。你越想成功，你就越会调动自己的一切能量去创造成功，使自己的一切行动、情感、个性、才能与成功的欲望相吻合。对于一些与成功欲望相冲突的东西，你会竭尽全力地去克服；对于有助于成功的东西，你会竭尽全力地去扶植。这样，经过长期的努力，你便会成为一个成功者，使成功的愿望变成现实。

世界酒店大王希尔顿，就是一个对成功充满渴望的人，他也是凭借着这种渴望催生的力量，最终实现理想的。

希尔顿中学毕业后，考上了新墨西哥州的矿冶大学。然而，他对矿冶没多大兴趣，而是希望以后成为一名银行家。1917 年，希尔顿怀揣着梦想，筹集了 5000 美元开办了一家小银行。当时，凭借这点资金想要在银行业立足发展，简直就是笑谈，因为摩根银行、花旗银行、波士顿银行等实力雄厚的银行早已垄断美国银行业。所以，刚刚踏上理想道路的希尔顿很快就被现实打击了一番。

希尔顿的银行家之梦破灭了，想到自己而立之年没有任何成就，甚至还没有找到未来的发展方向，心里烦躁不已。但是，他不相信自己这辈子会平庸无奇，他时刻都渴望着成功。就在这个时候，希尔顿忽然听到一个消息：得克萨斯州那里有人挖石油，竟然一夜之间成了富翁。于是，希尔顿也跑去碰运气。到了那里他才发现，石油行业也需要投入大量的资金，而他根本没有这个实力。希尔顿更加失望了，他决定过些天回家另找出路。

那天晚上，希尔顿在街上逛了很久，最后心力交瘁的他来到一家旅馆，准备休息一晚。不料，那家旅店没有空房。希尔顿向伙计打听得知：原来，到这里找石油的人非常多，旅馆每天都是客满，而且店里的房间一天一夜分三次出租，一个人只允许住八个小时。这就是说，在这里住上一天一夜，要比在其他地方住多付两倍的钱。希尔顿灵机一动：为什么不在这里开旅馆呢？于是，希尔顿想办法买下了这家小旅馆，这是他拥有的第一家旅馆，也为他未来的事业奠定了第一块基石。

不久之后，希尔顿作了一个重大的决定：要建造一个以自己名字命名的旅馆王国。1925 年，第一家"希尔顿酒店"在达拉斯完工。1929 年，当希尔顿的事业蒸蒸日上的时候，却遭遇了经济危机。希尔顿没有泄气，他凭借着顽强的毅力坚持了下去，希尔顿酒店一家接着一家的开业了，陆续分布在美国的各大州。在成功欲望的支配下，希尔顿又把自己的目光投向了国外，先后在英国、日本等国家开设了酒店。时至今日，希尔顿的酒店已经遍布世界，他的资产发展到数百亿美元，成了名副其实的酒店大王。

希尔顿的成功并不是偶然，也不是命运的垂青，而是他对成功始终保持着一种渴望。如果没有这种渴望，即便是到手的成功，也可能会失去。有了一颗渴望成功的心，就有了积极的气场，它也会帮助你吸引到幸运、机会和成功。

世界上的平庸者，都习惯过着平淡的日子，甚至巴望着天上能够掉下一个馅饼。即使有人脑子里想着要成功，但却没有拼尽全力展现自己内心的欲望，以为守株待兔的事情能够在自己的身上应验。这两种人的人生，注定不会精彩，因为他们缺乏对成功的强烈渴望。一个人对成功的愿望不强烈，当遇到挫折时，就会很容易偃旗息鼓，将成功的愿望打压下去。

成功学大师卡耐基曾说："欲望是开拓命运的力量，有了强烈的欲望，就容易成功。"成功是努力的结果，而努力又大都产生于强烈的欲望。正因为这样，强烈的成功欲望就成了成功最基本的条件。通过阅读那些成功人士的传记，了解那些伟大的发明家、探险家、企业家、艺术家、文学家，以及所有取得过非凡成就的人们的经历，会发现他们无一例外地明白自己真正要什么，为此需要做什么。他们都强烈地想要成功，并且愿意付出代价。他们在自己心中激起了沉睡于思想和情感深处的潜意识力量，并且使这种力量涌向从潜意识里升至外在表现的各种渠道，催生出明确的目标、十足的信心、坚定的决心和不竭的动力。而这些几乎可以说是取得任何成功的万能公式。

人的需要和欲望是进步发展和解决问题的动力。强烈的想成功的欲望会使孩子施展全部的力量，尽力地超越自我，使一个人的力量发挥到极致，排除所有的障碍以达到自己的需求。为了孩子不致前途无望、人生惨败，就要让孩子产生成功的欲望，并让这种欲望时时刻刻激励他们，让他们向着这一目标坚持不懈地前进。成功的欲望越强，越能爆发出大的力量，打败越多的困难、挫折、阻挠，取得更大的成功。

有什么样的志向，就有什么样的未来

古希腊哲学大师亚里士多德说："人有两种，即'吃饭为了活着'和'活着就是为了吃饭'。"一个人之所以伟大，首先是因为他有超于常人的志向。在我国传统文化中，也常有"志当存高远""风物长宜放眼量""鲲鹏之志"等词句形容和鼓励人要树立雄心壮志。

人生之路，如同崎岖的山道，唯有不畏艰难险阻，奋力拼搏，方能到达光辉的顶点。在攀登山峰的途中，必然会遇到各种各样的困难，在这时，我们就需要远大志向的力量，这种力量贯穿我们的整个生命，只要拥有这种力量，无论是高山、江河，都挡不住我们前进的步伐，我们将创造出我们志向中所希冀的未来。而假如志向微小，其所获得的精神能量也会微小，未来的前景则会乏善可陈。志向的远大与否直接决定了未来的美好与否。

有一位心理学家到一个建筑工地，分别问三个正在砌砖的工人："你在干什么？"第一个工人懒洋洋地说："我在砌砖。"第二个工人也缺乏热情地说："我在砌一堵墙。"第三个工人则满怀憧憬地说："我在建一座教堂！"

听完回答，心理学家马上就判断了这三个人的未来：第一个人的心中只有砖，可以肯定，他一辈子能把砖砌好，就不错了；第二个人心中有墙，好好干或许可当一位技术员；只有第三个人，将来肯定会成为一个不平凡的人。因为他不仅说话乐观，而且从他的话里已看出志向，也就是说，在他的心中已经立起一座殿堂。

果不其然，后来，前两个人始终都是普普通通的砌砖工人，无所作为，而第三个工人最后成了闻名遐迩的建筑师。

这个故事证明：有什么样的志向，就有什么样的未来。我们今天站在哪个位置并不重要，关键是我们下一步准备迈向哪里。

社会结构是一种金字塔状结构。大量的人处在金字塔的底部，只有一小部分人处在金字塔的顶部。处在底层的人们每天只能收支相抵，量入为出，只能现挣现吃，仅够糊口。而处在顶尖的人则蒸蒸日上，繁荣兴旺。每一个城市每一个公司，都是大多数人在底层，少数人在顶部，而处在顶部的人都是从底层逐渐上升的。

回溯历史，我们不难发现，每一个伟大的建树、每一项杰出的成就都是由那些志向高远的人所创造的，不论是像爱迪生、福特、贝尔、莱特兄弟这样的发明家，还是像马丁·路德·金以及从囚徒成为南非总统的纳尔逊·曼德拉这样的社会改革家，他们拒绝接受中庸之道，他们追求卓越，所以他们功成名就。这就是精华法则：最优秀的将会上升到金字塔的顶部。

被誉为清代"红顶商人"的胡雪岩曾经说："做生意顶要紧的是眼光，看得到一省，就能做一省的生意；看得到天下，就能做天下的生意；看得到外国，就能做外国的生意。"这话真是至理名言，不仅做生意如此，无论干什么，都必须具有眼光和雄心。而且历史的经验已经说明，只有怀抱希望的人才能兴邦定天下。

三国时天下大乱，群雄并起，逐鹿中原。当初有实力的主要竞争者是曹操、刘备、孙权、刘表。曹操腹有良谋，具有一统天下的雄心。而刘备也有"上报国家，下安黎庶""欲伸大义于天下"的雄心，其志向与曹操相同，都是盖世英雄。孙权也不是等闲之辈，在位期间，国力强盛，士民富庶，足与魏、蜀鼎立而治。相较之下，荆州刘表就逊色多了。他虽领荆襄之地，地沃利广，豪杰众多，但胸无大志，甘为井底之蛙，本有进取中原的机遇，但他却以"吾坐据九郡足矣"的心态而自足，不图进取，最后的结果只能是荆州守不住，让别人吞并。

由此可见，一个人要想在社会上立足，必须有远大的志向。当一个人有了大志向后，就能站在长远的角度考虑问题，因此有大目标、大步骤、大行动，最后收获大的希望。大志向者不仅具有顽强的毅力，更多的是憧憬着非同常人的希望。一个人始终盯着自己的志向，才会有永不枯竭的动力和永不气馁的行动，驱使着他们从一个成功走向另一个成功。

心中没有大志向的人，是精神贫穷的人。他们不能充分发掘自己的潜力，更不能干出一番轰轰烈烈的事业。他们没有动力，毫无目标地漂荡，一生都是别人的陪衬和附庸，永远达不到成功的彼岸。

一个人怀有怎样的志向，决定了他的未来具有怎样的作为。确立远大志向的人，就好比长出了一对坚硬有力的翅膀的雄鹰，可以在搏击风雨中不畏惧艰险，勇往直前，飞越巅峰，飞往心中的圣地。

积极帮助青少年确立远大的志向吧！只有志向卓越时，才可能成就卓越。人的志向往往预示着他未来的样子、他将来的生活。

对于青少年来说，不管现在他多么贫穷或者多么笨拙，只要他有着积极进取的心态和高远伟大的志向，我们就不应该对他失去信心。对于一个渴望在这个世界上立身扬名、成就一番事业的人来说，任何东西都不是他前进的障碍。不管他所处的环境是多么的恶劣，也不管他面临怎样的艰难险阻，他总是能通过内心的力量驱动自己，脱颖而出，勇往直前。我们不可能阻挡一个像林肯一样、威尔逊一样，或者希尔顿一样的人物的崛起。对于这样的一些人来说，即便是贫穷到买不起书本的地步，他们依旧可以通过借阅而获得需求的知识，即使处于卑微的境地，他们也从不放弃梦想。他们即使一次次失败，也从不放弃勉力。有志向的青少年也将通过持之以恒的努力逐渐地远离平庸，拥有辉煌而壮丽的人生。

自我了解，从测试志向开始

　　假如你不了解自己，那么你很可能做出与目标背道而驰的选择。每个人都渴望做好自己的事，从而取得人生的成功。相反，如果不能去做自己想做的事，则意味着痛苦。因此，首先要学会问一问自己到底能干什么？你希望自己变成一个怎样的人？

　　每一个人对成功的看法都不一样。每一个人都是独特的，有着不同的需要、希望和价值观，也有着不同的优点。若是我们违背自己的本质，不尊重自己的独特性，那么不论我们怎样努力，永远和成功绝缘。你的本质和你的成功是分不开的。许多人牺牲了自己的本质，去做那些自己不想做的事，这就是他们不能成功的原因。该做老师去做了企业家，该做企业家的人却去当老师；该做管理员的人却去做推销员，该做管理员的却做了律师……

　　方向不对，努力白费；正确方向来自对自我的了解，自我了解来自对心灵深层次意识的把握。也就是说，我们需要先了解自己的志向，才能了解自己的价值取向，才能了解自己的方向，进而规划自己的人生。我们不妨做做下面这些题目，通过这个测试，可以清晰地了解自己的志向。

　　（1）做一件事情，当结果与你的估计相符时，你就感到很满意；否则，即使别人说你成功了，你也会感到不满意。

A. 完全不同意

B. 比较不同意

C. 拿不准

D. 比较同意

E. 完全同意

（2）通常，对所做的事，你要求达到的标准往往要高于一般人。

A. 完全不同意

B. 比较不同意

C. 拿不准

D. 比较同意

E. 完全同意

（3）对感兴趣的事，你都能尽力而为；对不感兴趣的事，干好干坏无所谓。

A. 完全不同意

B. 比较不同意

C. 拿不准

D. 比较同意

E. 完全同意

（4）你觉得，做出成就是人生最重要的、最幸福的事情，即使苦些也值得。

A. 完全不同意

B. 比较不同意

C. 拿不准

D. 比较同意

E. 完全同意

（5）每做一事，通常你都从工作方法上入手。

A. 完全不这样

B. 比较不这样

C. 拿不准

D. 比较这样

E. 完全这样

（6）你经常成功，失败很少，即使失败了，也会在别的方面寻找弥补。

A. 完全不同意

B. 比较不同意

C. 拿不准

D. 比较同意

E. 完全同意

（7）好胜心强，从不服输。

A. 完全不同意

B. 比较不同意

C. 拿不准

D. 比较同意

E. 完全同意

（8）如果有几件事，重要程度相同、难易不等，你会选哪种？

A. 最容易的

B. 比较容易的

C. 中等难度的

D. 比较难的

E. 最难的

（9）如果人们做某种事，预先有标准的话，你会选哪种？

A. 最低标准

B. 较低标准

C. 标准适中

D. 较高标准

E. 最高标准

（10）如果用A、B、C、D、E表示干一番事业的愿望程度，你会选择哪项？

A. 根本不想

B. 不太想

C. 愿望适中

D. 较想

E. 非常想

计分方法：

A. 1分　　B. 2分　　C. 3分　　D. 4分　　E. 5分

40～50分＝A　　25～39分＝B　　10～24分＝C

测试结果：

A：志向很高

你的事业心很强，成就动机很高，办事追求成功、完美，不喜欢半途而废。如果一件事没办好或失败了，你会感到非常不满意。需要注意的是，为了避免经常生活在一种紧张、焦虑的氛围中，你也许应该为自己创造一种轻松愉快的气氛来调剂身心，才能使自己轻松地取得更为出色的成绩。

B：志向适中

你有较强的事业心和工作能力，能妥善处理好自己的能力和任务完成水平之间的关系，失败了也能正确对待。你身心健康，但还要不断提高自己的学习和工作能力。

C：志向较低

你的事业心不强，不喜欢争强好胜，只求过一种安稳的日子。你对自己的学习和做事标准定得过低，这样不利于你能力的充分发挥和提高。你应该在学业和工作上严格要求自己，在奋斗中实现自己的价值。

《论语》说："取乎其上，得乎其中；取乎其中，得乎其下；取乎其下，则无所得矣。"意思就是，如果你的志向高远，得到的往往会低于志向；如果你的志向适中，结果获得的也会低于这个志向许多。可见，不管做什么事情，结果与目标往往是不太吻合的，要想成就大事，就一定要志向高远。如果你没有做领袖的志向，你就不会用领袖的思维去思考，不会用领袖的眼光去看待事物，更不会以领袖的姿态去做事。试想，这样的人怎么可能成为领袖？

因此，当我们通过志向测试打开了解自我的大门后，就需要根据测试结果适当地调整自我。如此，我们才能扬起成功的风帆，所向披靡。

思路为梦想铺路

俗话说得好："有思路才能有出路，有出路才能有活路。"人类的整个活动都突出地表现在思路上。那么，何为思路呢？思路就是一种思维方式，是人们在实践中沉住气，通过分析事情的走势，判断形势而思考出的解决问题的轨迹。

科学正确的思路能使人正确认识世界、改造世界；使人提高判断能力并作出正确的决策和行动；使人把握客观事物发展的规律和时代的发展要求。人不能满足于为各种具体事务而忙碌，要做到超脱烦琐事务，抽出时间坐下来厘清自己的思路。

思路代表着人类智慧以及认识世界的一种活动和把握这种活动的能力；思路代表着人类活动中个体为实现既定目标而进行的理性思维活动。思路，既是一个人综合能力的结合，也是一个人智慧的体现。只有脑中有思路，才能为梦想铺路。

所有的成功者都懂得"三思而后行"的道理，他们宁可在寻找改变命运的思路上费尽心思、绞尽脑汁，也不会在没有思路的情况下胡干乱干。

第二次世界大战期间，美国有一家规模不大的汽车修理厂，在战争中生意萧条，工厂主约翰看到战时百业凋敝，只有军火是个热门，而自己却与它无缘。于是，他把目光转向未来市场，他告诉儿子，修理厂需要转产改行。儿子问他："改成什么？"约翰说："改成生产残疾人用的小轮椅。"儿子当时大惑不解，不过还是遵照父亲的意思办了。经过一番设备改造后，一批批小轮椅面世了。随着战争的结束，许多在战争中受伤致残的士兵和平民，纷纷购买小轮椅。约翰工厂的订货者盈门，该产品不但在本国畅销，连国外也有人前来购买。约翰的儿子看到工厂生产规模不断扩大，财源滚滚，在满心欢喜之余，不禁又向其父请教："战争即将结束，小轮椅如果继续大量生产，需要量可能已经不多。未来的几十年里，市场又会有什么需要呢？"老约翰成竹在胸，反问儿子："战争结束了，人们的想法是什么呢？""人们对战争已经厌恶透了，希望战后能过上安定美好的生活。"约翰进一步指点儿子："那么，美好的生活靠什么呢？要靠健康的身体。

将来人们会把身体健康作为重要的追求目标。所以，我们要为生产健身器做好准备。"于是，生产小轮椅的机械流水线经过改造，开始生产健身器。最初几年，销售情况并不太好。这时老约翰已经去世，但是他的儿子坚信父亲的超前思维，仍然继续生产健身器。结果就在战后十多年，健身器开始走俏，不久成为热门货。当时约翰健身器在美国只此一家，独领风骚。老约翰之子根据市场需求，不断增加产品的品种和产量，扩大企业规模，终于进入亿万富翁的行列。

　　思路为梦想铺路。你能想到别人想不到的，做到别人做不到的，就能获得别人得不到的回报，包括利润、高薪、职务、地位、幸福等。"任何成功最初就是一个思路。"在逆境和困境中，有思路就有出路；在顺境和坦途中，有思路才有更大的发展。

　　不可否认，努力是成功者必备的行为要素，但思路却是关键因素。不同的思路，会产生不一样的命运，选对思路才能做对事情。在这个竞争激烈的时代，谁有开阔的思路，谁就能赢得光明的前程，赢得更大的人生舞台。

　　著名学者贝弗里奇一针见血地指出："我们的思想多次采取特定的一种思路，下一次采取同样思路的可能性就越大。在一连串的思想中，一个个观念之间形成了联系，这种联系每利用一次，就变得越加牢固，直到最后，这种联系紧紧地建立起来，以致它们的连接很难破坏。这样，正像形成条件反射一样，思考受到了条件的限制。我们很可能具备足够的能力来解决问题，然而，一旦采用了一种不利的思路，问题考虑得越多，采取有利思路的可能性就越小。"可见，换个好思路，就有好出路，出路贵在创新。拥有好的思路，人人可为，事事可为，关键就看你愿不愿意开动你的思路机器。

有一片长满野草的土地，要人们去除草。第一个人用的是放火烧的办法，地面上的野草很快就灰飞烟灭，看起来很干净了，但是野火烧不尽，春风吹又生，不久地下的草根又萌发出新的小草来；第二个人用锄头去除草，把土地深翻了一遍，甚至还在地里撒上石灰，让草根彻底腐烂，但过了不久，风儿又从别处吹来草子，地里还是长出新的小草；第三个人很聪明，他除掉了小草，又在地里撒下了庄稼的种子。不久，田地里长出了绿油油的禾苗，再也看不到野草了。

要彻底改变自己的命运，拥抱自己的梦想，就要先给自己一个崭新的思路，一个积极的、健康的、先进的思路。思路决定命运，改变思路才能改变命运，改变今天才能改变明天，改变现在才能改变未来。

法国作家雨果曾说过："世间上任何一样东西都无法和一个适时的主意相媲美，有时一个小时的思考可以胜过几年的蛮干。"生活中那些空有一番力气而思想上不开窍的人，一辈子都发现不了处理好问题的奥妙。只有懂得通过深度思维而获取好思路的人，才能轻松地运用头脑的智慧为美好的梦想铺出一条星光大道。

成功者与一般人最大的区别在于思路的不同。如果说成功是青少年的人生经营目标，那么，经营智慧就是引导青少年到达成功的航标，只有在思路之光的照耀之下，人生的船只才会驶向梦想的彼岸。只要一个人能像那些成功者一样善于思考，就一定能够取得骄人的业绩，他的智慧之光就会照耀着他一直登上成功的巅峰。一个仅仅跟着别人走的人，不会去探索什么东西，也寻找不到什么东西。

一生中，我们拥有许多改变人生的机会，能否成功的关键，在于你的头脑中是否形成了正确的思路并决心为之付出努力。在困难面前，采取不同的思路，就会有不同的结果。那些在逆境中能激情投入、大胆突破的人，往往更容易找到出路，迈向成功。总之，不同的思路决定不同的出路。成功的喜悦从来都是属于那些思路常新、不落俗套的人。相信只要你拥有好的思路，并且勇于付诸实施，你的人生将更加灿烂辉煌！

凡成就大事业者，皆有大志

罗·布朗宁有句名言："人类的伟大不在于他们在做什么，而在于他们想做什么。"每个人都渴望成功，不过，在你去做任何事之前一定要先确立好你自己的目标，明白自己想做的是什么。

世上有太多这样的人，他们幻想他们的生命是永恒不朽的，他们浪费金钱、时间以及心力，去从事所谓的"消除紧张情绪"的活动，而不是去从事"达成目标"的活动。他们每周辛勤工作，赚够了钱，在周末把它们全部花掉。也有很多人希望命运之风把他们吹进某个富裕又神秘的港口。他们盼望在遥远未来的"某一天"退休，在某地一个美丽的小岛上过着无忧无虑的生活。如果问他们将如何达到这个目标，他们肯定会回答说，一定会有办法的。实际上太多的人无法达成理想的原因就在于：他们从来没有胸怀大志。事实上，大多数人所度过的一生是无志向、无理想、无意义的人生。他们只是日复一日、年复一年地打发光阴，一边羡慕别人的成就，一边悲叹自己的平庸，终其一生，碌碌无为，找不到更实现不了自我的价值。

古往今来，凡成大事业者，皆有大志。

英年周瑜立下"灭曹贼指日可待"之决心，而于赤壁之战立下千古奇功；岳飞抒出"壮志饥餐胡虏肉，笑谈渴饮匈奴血"而成为流芳千古的民族英雄。试想，刘邦如果不是"常徭咸阳"并树立了"大丈夫当如此也"的大志，他又如何能在秦末乱世，于多路诸侯之中贵为皇帝？又怎能以微弱之势而定鼎天下呢？

在特利尔中学的毕业前夕，马克思班里的同学都在谈论择业的问题。有的想当官，有的想经商，有的愿意做医生。马克思在他的毕业论文中却提出了一个崭新的思想。他在文章结尾部分写道："我们选择职业所应遵循的主要指针，是人类的幸福……"他的老师为这篇闪耀着伟大思想光辉的论文大为惊叹，在毕业证书上写下"思想丰富，理解深刻"的评语。马克思循着"寻找人类幸福"的伟大指针最终揭示了资本主义的本质，成为19世纪最伟大的思想家。

显而易见，一个人从青少年时代起就确定人生的远大志向，是非常重要的。凡成大事者皆志气高远，具有成就一番事业的决心和意志，并为自己的理想进行不屈不挠的奋斗。少年时的志向，在很大程度上会引领我们一生的命运。因为它不仅是思想的产物，也会随着时光的流逝，而成为我们生命的一部分。目标如同灯塔，指引我们前进，没有目标的船，将永远没有可能到达目的地。没有目标你也可能会做出一些成绩，但绝对不会获得大成功。所以，要想取得成功，首先要有大志。

孩子在童年和少年阶段还没有明确的奋斗目标，也不可能有具体的人生理想。所谓"从小立志"，实质上就是从小培养孩子的胸襟、气度和魄力，引发孩子对伟大、高尚的追求和向往，同时培养孩子从小严格要求自己，以古今优秀人物为榜样编织自己童年的梦。

真正成功的家教不仅仅是智力教育，更注重把孩子的"志"立好。

家庭教育不仅仅在于教孩子多识几个字，多做几道题，更重要的是在孩子的成长过程中，通过言传身教、潜移默化，逐步使孩子形成对未来的期盼和梦想。以后随着知识的增加，眼界的扩大，慢慢地形成一个毕生为之奋斗的大志向。童年、少年时期是"志"形成的阶段，这一阶段父母如果能抓好立志这一根本环节，就为孩子有大的人生规模和人生成就打下了坚实的基础。这个时期，孩子虽然还没有具体的人生志向，但开始有了明确的，在心中编织起来的童年"梦"，开始将自己的未来定位在高档或是低档、伟大或是平庸。这是根深蒂固的自我定位，以后基本上没有什么力量可以更改它。

一个没有好好立志的人，不管他的智力、意志、品德有多好，都不可能形成大的人生规模，更不可能有大的事业成就，顶多是个二三流的货色。

现实生活中我们经常可以看到，很多人才智不错却沦为平庸，因为他们做任何事情达到一定高度之后就容易满足，不再有进取之心，因此难以再上台阶。而一个从小立大志的孩子，对任何事都不会满足于现状，总有追求完美、追求最高境界的欲望；在取得一定成绩之后，也总有更上一层楼的决心和气概。这样的人不成功于此，必成功于彼，而且成功的规模往往比较大。因此，千万不能错过童年、少年阶段的立志，它比其他所有的教育和培养都更重要，而且不可弥补。一个人错过了其他东西或许可以补救，一旦错过了立志的最佳时期，则永远无法弥补。但是，"志"也不是说立就能立起来的，而必须从小由"志高"的人通过言传身教、潜移默化地逐步感化。所谓志高的人是指对伟大向往和追求的人，并不单指成就伟大事业的人。如果父母缺乏对伟大的理解和追求，一般来讲就不可能培养出志高的后代。此外，家长们还可以参考下面几点具体的操作经验，培养孩子的高远志向：

（1）一个充满自私、庸俗的家庭，不可能培养出志向远大、志气高昂的人。所以，作为教育者，家长必须首先教育好自己。

（2）家长应经常向孩子讲述一些伟大人物的传奇故事，教孩子背诵一些伟大人物的诗篇、格言和语录。

（3）到了高中阶段，家长应开始逐步看出孩子发展的大方向，并且要在以前立志的基础上，让孩子树立一个远大的目标。由于现代科学具有高度精细分科的特点，除非到了最后阶段，才能选择自己的具体目标。所以，高中、大学阶段所谓的奋斗目标只能是一个大概的归类，并不要求详细精确，但必须有，而且要高尚、伟大。

（4）大目标确立之后，还不能影响一个人的具体行动，只有把大目标分解成一个个中短期的切实可行的具体计划，才能成为行动的指南。所以，订好小计划是一项关系到能否实现大目标的重要事项，否则，大目标或人生理想都将是一句空话。

（5）具体计划制订之后，最重要的是立即开始行动。绝不能订空头计划，绝不能拖延行动，绝不能忽冷忽热，更不能一曝十寒。时时想现在，想今天，千万不能老是等明天，等以后，否则会永远不能实现计划。可以经常让孩子背诵《昨日诗》《今日诗》和《明日歌》，或者写成大字贴在墙上，和学习计划表贴在一起，以鼓励孩子们立即行动。

大志是人们前进的灯塔，为人们指明前进的方向，对于人们的行动具有导向作用。志向的种子一旦扎根，就会结出丰硕的果实。所以，每个想要成就大事业的人，都必须要有一个坚定的伟大志向。只有这样的人，才会为自己的志向做出不懈的努力；也只有这样的人，才能够最终达成自己的梦想。

人的志向是社会化的产物

志向是人类特有的一种精神现象。人之所以称为人，最本质的规定性就在于：人能够有意识的、有目的的从事物质资料的生产劳动。由于任何生产劳动都不是单个人的活动，离开了一定的社会联系，个人无法进行生产，因而也不能生存。人的这种社会性决定了人的志向是社会化的产物。

志向是社会化的产物突出表现在以下几个方面：

（一）志向的产生取决于特定的社会因素

包括一定的社会生产方式，一定的政治、法律、宗教、艺术等上层建筑体系。其中，社会生产力对志向的产生起着重要的作用。

比如：在远古人类刀耕火种的社会条件下，绝不可能产生像葛洲坝那样宏伟的科学设计志向。因为，当时的社会生产力根本不可能提出建造那样大的水利工程的必要性，也根本找不到使之成为现实的可能性。所谓"想都不敢想"，就比较生动地描绘了当时人类与这种科学志向的关系。

（二）志向的实现要依赖于特定的社会条件

志向的产生取决于一定的社会因素，这并不是说在什么样的生产力水平、什么样的生产关系下就产生与之一致、一点也不走样的志向。如果是那样的话，志向就不称之为志向了。志向的特点就在于，它既与现实有联系，是现实的产物，但又不是现实中马上可以出现的事物。志向具有某种预见的性质，是有可能实现的奋斗目标。

比如：根据现代物理学的发现，原子核裂变能产生大量的能量，但从这一理论的发现到原子核裂变能的应用，经历了一个相当长的时间。直到目前，对于原子核裂变能的和平应用尚处在一个不完善的阶段。原因就在于，目前的工业发展水平还不具备这种条件。

（三）志向的实现过程是一种社会的活动

这一点是由人类活动的社会性直接决定的。不要认为只有像葛洲坝那样的同社会化大生产相联系的科学志向，才是人类社会活动的产物，也不要认为只有像共产主义那样的社会志向，才是社会活动的产物。就如我们通常所说的个人志向，比如：将来要找一个什么样的爱人，也是离不开人类的社会活动的，从而也具有社会性。

欧洲18世纪出现了一个虚构中的人物——漂流在孤岛上的英国冒险家鲁滨逊。鲁滨逊在这个被他称为"绝望岛"的荒岛上生活了28年。于是有人说，人的社会性在鲁滨逊那里消失了。其实，这个故事从根本上说明不了人可以脱离社会而存在。不要说鲁滨逊和他用利剑征服的仆人"星期五"就是按人类社会的人与人之间的关系组合起来的社会单位，就是鲁滨逊狩猎用的枪弹、进行思维的语言、创造工具的经验等，也无一例外地是以往的社会劳动的产物。他所产生的回到英国去做大资本家的志向，当然也是社会化的产物。

（四）在阶级社会里，人们属于一定的阶级，从而使志向具有一定的阶级属性

志向的阶级性的表现比比皆是：封建社会的农民的志向，无非是有地

种，有饭吃，平平安安地种庄稼，过日子。它反映了农民阶级对安定的自给自足的自然经济的渴望，对自食其力的生产劳动的向往。而地主阶级的志向就与农民阶级的志向有本质的不同。地主阶级梦寐以求的是不劳而获的地租剥削，是做家童无数、广有田宅的封建庄园主。资产阶级的志向又不同于地主阶级的志向。什么地产、家产，都必须承担"生金蛋"的职能。通过对资本的占有，尽可能多地攫取工人的剩余劳动所创造的剩余价值，便是资产阶级的最高志向。

志向这种阶级性来源于人的阶级性。人在社会中生活，都是从属于一定的阶级，人的各种思想无不打上阶级的烙印，志向当然也不例外。这就告诉我们，如同没有超阶级的人一样，在阶级社会中是没有超阶级的志向的。阶级分析的方法在志向问题上，特别是对社会志向和道德志向来说是完全适用的。

综上所述，志向是社会化的产物，它是人的社会性在奋斗目标上的反映。

需要强调的是，无论在什么样的社会里，一个人的志向是为多数人的利益、为社会的进步、对社会生产力的发展起促进作用，就合乎了社会历史的发展规律，就是伟大的志向。为了这样的志向，付出毕生精力的人，不管他的事业在当时的人们看来是重要还是不重要，也不管他所从事的事业是成功了还是失败了，他都不失为一个值得赞扬的人物。反之，为了那些不合乎社会发展要求、不合乎人民群众利益的"志向"，尽管他用尽毕生精力，甚至于丧失自己的生命，或即使是获得了成功，创造了"宏绩伟业"，都是无足称道的。

总之，志向的社会化就是要使人的志向与社会的要求、社会的需要相一致。这也是有利于个性志向的发展的。正如哲言所说："借口'个性''自由'，不努力把孩子引入正确的框框中去，结果就会既没有个性，也没有主体性，将会成为一个任意而行的孩子。"

对孩子来说，小孩刚懂事时区分好人和坏人，这是形成志向人物形象的最初认识基础。小孩想取得父母、师长的喜欢和认可，是形成志向人物形象的最初内在需要。想做一个什么样的人的志向是初级的志向，这对孩子来说是很可贵的。这时我们要教育孩子向时代的成功人士学习，使儿童在生活中克制自己的一些不适宜的需求，学习榜样人物的行为方式，不断地塑造自己。这对孩子的成长、对国家的未来大有好处。对高年级的学生和已经工作的青年，我们希望他们由爱自己家乡的父老兄弟发展为热爱人民；由爱自己家乡的山川大地进而热爱祖国。

第四章

专注：倾全部能量于一点

全局意识与能量集中并不矛盾

一个人的潜能无限，但他的精力和时间却是有限的，任何人都不可能成为无所不知、无所不能的超人。"人能一其心，何不知之有哉？"意思是，人如果能够能量集中地专注去做事，这种力量是所向披靡的。成功者都懂得能量集中的重要性，他们做事的时候，坚决不让自己的精力分散。只有这样，人才能坚持于一件事而最终取得成功。但是能量集中并不等于炫耀个体的力量，而忽略团体、失去全局意识。能量集中和全局意识并不矛盾。在人生之路上，要想取得大成就，既需要全局意识的"导航仪"来指引正确方向，也需要能量集中的"发动机"来推动发展。

有个盲人摸象的故事，说的是三个盲人想知道大象长什么样，于是一起去摸大象。一个人摸着了大象的大腿，说大象长得像根柱子；一个人摸着了大象的尾巴，说大象长得像根绳子；一个人摸着了大象的肚皮，说大象长得像一堵墙……

他们都没有说对，因为他们仅掌握了片面信息，主导了错误的主观意识。很多事情都是这样，由于人所处的位置、思维方式和信息掌握等的不同，对事情的看法、结论也就不同。明白了这一点，我们说话做事时应该更努力地做到全面、客观，要有全局意识。因为主观意识强烈是人的本质特性。

个人利益，个人观点，总是首先重要。这本无可厚非，但个人总是有局限，你不了解很多事情，你不擅长很多事情，你的利益有眼前利益和长远利益，你的观点可能对也可能不对。这就需要审时度势，需要考验你的全局意识。也就是说，你可以做不到全面、客观，但一定要有全局意识。"不谋全局者不足谋一域，不谋万世者不足谋一时"，全局意识从起点上决定着一个人的发展前途。对于奋斗之路上数不胜数的利益选择和痛苦抉择，我们必须学会谋全局、抓大事，把目光放长远，把握好整体与局部的利益关系，站在运筹全局的高度思考和处理问题，才不会陷入误区。

在李嘉诚的经商观念中，最重视的一点就是全局意识，他说："一个成功的商人如果不能高瞻远瞩，没有统筹大局的意识，很难在商界大有作为。"全局意识的本义是做事不能光看表面，而要把握事情的真相，分析优劣，找到从大处着眼、小处入手的策略。李嘉诚注重经商的全局观，看问题能够变化角度，考虑周全，因而他的生意才越做越大。

无论任何事情，要想做好，首先要做对，全局意识就是做对事情、走对方向的基础。如果没有全局意识，我们只会离初衷、离理想越来越远。不过，即使有全局意识，却不集中能量，将自己的能量东浪费一点、西消耗一些，也会使人走很多弯路，而无所成就。

在生活中有这样一类人，当他们看到一部文学作品在社会上引起强烈反响时，就想学习文学创作；看到电脑专业在科研中应用广泛时，就想学习电脑技术；看到外语在对外交往中起重要作用时，又想学习外语……由于他们只想"速成"，一旦遇到困难，就失去信心，打退堂鼓，最后哪一种技能也没学成。这种情况，与明代边贡《赠尚子》一诗的描述非常相似："少年学书复学剑，老大蹉跎双鬓白。"有的青少年刚要坐下学习书本知识，又要去学习击剑。如此浮躁，时光匆匆溜掉，到头来却一事无成。俗话说，蚂蚁可以爬遍深山老林，而两头蛇永远也走不远。聚焦于自己的目标，集中能量去奋斗，我们才会品尝到生命甘甜的果实。

大文豪马克·吐温曾经经商。第一次他从事打字机的投资，因受人欺骗，赔了19万美元；第二次办出版公司，因为是外行不懂经营，又赔了近10万美元。这两回不仅把自己多年来用心血换来的稿费赔了个精光，还欠了一屁股债。马克·吐温的妻子奥莉姬深知丈夫没有经商的本事，却有文学上的天赋，便帮助他鼓起勇气，振作精神，重走创作之路。终于，马克·吐温很快摆脱了失败的痛苦，在文学创作上建立了辉煌的业绩。

牛顿、爱迪生、爱因斯坦等科学界顶尖人物其实也都是极为平常的普通人，他们之所以取得巨大的成功，主要是因为他们比一般人更专注，能量更集中。

任何人想成为一个令众人叹服的领袖，就一定要排除大脑中许多杂乱无绪的念头。任何人想在一个重要的方面取得伟大的成就，就要大胆地举起剪刀，把所有微不足道的、平凡无奇的、毫无把握的愿望完全"剪去"。即使是那些已有眉目的事情，也必须忍痛"剪掉"。然后，找出自己擅长的事，努力在这方面下工夫。

歌德曾这样说过："一个人不能骑两匹马，骑上这匹，就要丢掉那匹。聪明人会把凡是分散精力的要求置之度外，只专心致志地去学一门，学一门就要把它学好。"集中能量去做一件事情，哪怕它很小，却总会有不同寻常的收获。

古训说："欲多则心散，心散则志衰，志衰则思不达。"就是告诫我们要把能量集中到某个特定的欲望上，并要集中找到能够实现这项欲望的方法，再将其方法付诸行动达到成功为止。一心一意熟读几本书、一心一意学习一个专业、一心一意做成一个事业、一心一意爱一个人，未尝不是一件无比幸福的事情。世界上最大的浪费，就是把宝贵的、有限的精力分散在许多事情上。

无论是一生只单纯做一件事情，还是不停地更换跑道，青少年们都必须学会不遗余力地在全局意识的指导下集中能量。唯有先具备全局意识，才不会一叶障目、随波逐流，才不会因局部利益、短期利益而失去全局利益、长远利益。

在全局意识的基础上，我们会产生远见卓识，我们会善于做出睿智的选择。这时的聚焦，才能产生最强大的精神冲击波；才能百分百地调动潜能，成就美好的未来。

全局意识和集中能量并不矛盾，二者是相辅相成、相得益彰的。青少年想要成为一名令人钦佩、崇敬的成功者，就不能一味地像骄傲的孔雀一样只顾自我欣赏，而要从全局利益出发，将心中的那些杂念一一剪掉，将能量都集中到一个正确的方面，那么他们将来一定会惊讶——自己的事业之树竟然能够结出这么美丽丰硕的果实！

时间和精力是人最珍贵的有限资源

生命是由时间和精力组成的。人生的时间和精力是最珍贵的有限资源。鲁迅先生就曾说过："生命是以时间为单位的，浪费别人的时间等于谋财害命；浪费自己的时间，等于慢性自杀。"

美国人的时间观念相当强，凡事都讲求高效率，大多数人始终处于奔忙之中，在以最快的速度完成一件事情之后，又迅速转向别的事情。大多数美国人走路快、办事快、很少讲废话，并且都有一个时间登记表，每天的事情都安排得满满的。美国人珍惜时间资源的最大好处，就是办事效率高，实际用于办事的时间多。这样，办事效果自然就会好得多。试想，一个干脆利落，工作时总是争分夺秒的人怎么可能没有效率呢？要知道，一切收获都来自科学地管理时间和精力。

因此，要管理好时间和精力，青少年应该有这样的意识：

（一）合理安排时间和精力

把时间和精力合理分配到各种事情上，而不让时间浪费。多数成功者都把工作与闲暇、工作与日常生活划分得清清楚楚，这样就能够享受各种活动并达到转换情绪的目的。比如进餐时，保持轻松、别无杂念，绝不牵涉工作中的烦心事。娱乐和运动时，应充分放松身心，以享受其中的欢乐。一天减少一点精力浪费，一时的好处或许不大，但长期积累，对于健康长寿、享受生活及事业发展都非常有利。伟人们视精力为生命，哪怕是一点点的精力，他们也从不轻易浪费。很多人把精力看得比垃圾还不值钱，从来就没有节约精力的观念。胡乱使用精力不仅影响他们的成才、发展、享受生活，而且严重损害他们的身心健康。

（二）充分利用时间和精力

提高单位时间和单位精力的利用效果。很多人的失败归根结底是没有利用好时间和精力，同样，很多人的成功，是很好地利用了时间和精力。精力是宝贵的，如果用在没有意义或意义很小的事情上，实在是一种巨大的浪费。当然，人非圣贤，有时浪费精力是不可避免的，但要尽量减少。如果能把一生的大部分精力都用于比较有意义的事情上，肯定不枉此生。

（三）把握好最佳时间和最佳状态

最佳时间通常是指办事的最好时间段或时间点。把握好最佳时间，通常可以取得良好的效益，比如，提高效果或降低代价。普通人往往只知道应该去做什么事，但不知道在什么时候做最好。高手常常在最佳时间办事，一时的好处或许不大，但长期积累，对于发展十分有益。对于重要的事情，要尽量安排在精力旺盛的时候做。投入同样的时间，如果精力旺盛，实际投入的精力就比较多；反之，实际投入的精力就比较少。把握最佳时间有一定的难度，因此，很多时候只能争取在较佳的时间办事。每个人都要把"在最佳时间办事"当做一种信念，长期如此，自然会成为习惯。

（四）根据事情的重要性付出相应的时间和精力

事情越重要，越要付出较多的时间和精力，以求取得好的效果；反之，越要节约时间和精力的付出，以免浪费时间和精力。比如，当精力充足而做的只是简单的事情时，要自然地以较低的精力消耗办事。以大量的精力消耗处理小事，通常是不值得的。当精力不足而又偏偏碰上紧要的事情时，要迅速提高精力，并全力以赴。在重大的事情来临之前，要先适当放松身心，以积蓄体能面对挑战。如果没有足够的体能积蓄，当巨大的压力到来时，很可能一下子被击垮。休息的时候，应保持轻松的休息状态。工作或学习的时候，应保持旺盛的状态。或者说，工作要有工作的样子，学习要有学习的样子，玩也要有玩的样子。不像样，就会影响效果，而且浪费时间和精力。

（五）管理时间的 16 条优秀经验

1. 学习、研究和应用提高效率的方法

例如，找一些提高效率的书籍学习，并多用、多总结，使自己的一切

行为尽可能高效化。这一点不难做到，长期坚持必可形成高效办事的习惯，对于个人的成才、发展都十分有利。

2. 找出个人低效或无效的行为、言论或思考习惯，并一一改正

例如，有空时想想自己存在哪些低效或无效的不良行为习惯，并想办法解决。

3. 提高能力

能力强，就能想出好的办法，从而提高办事效率。一个能力强的人，很重要的一点就是善于利用时间和精力。

4. 多锻炼身体、参加娱乐活动及注意休息

建立良好的体质及保持良好的精神状态，以便能投入较多的时间和精力办事。如果缺乏锻炼，体质就不好，精力必然不足，而且容易疲劳，投入于办事的时间和精力也就不多。如果不注意休息，精神状态就不好，办事效率也就不高。

5. 培养优良的性格

不良的性格往往会浪费大量的时间和精力。例如，拖拉、消极、贪图享受常常浪费时间和精力。高手们为了集中精力发展事业，都显得有点孤僻和不大合群，以避免和减少一些无谓的应酬，这种性格虽然也有点害处，但利远大于弊，是完全可取的。不难想象，一个高级人才如果随便和他人交朋友，他就没有多少精力学习和发展事业。

6. 经常做计划，并做好准备

正确的计划，会大大提高办事效率。准备不足时，要争取适度的拖延，以增加准备的时间。

7. 拒绝一切不良情绪

所有不良情绪都会浪费时间和精力。高手永远没有时间悲哀，也不会花费很多精力去悲哀。

8. 运用先进的工具和方法，以提高办事效率

高手善于运用先进的工具和方法，特别是运用高科技产品来装备自己的生活，并适时更新，以提高生活效率及生活水平。在发达国家，几乎所有家庭都有小汽车、家用电脑、健身器材、电话机、冰箱、空调器、家庭浴室与厕所、洗衣机、电视机、影碟机等。使用这些现代化工具不仅提高了人们的生活水平，而且可以节省大量的生活时间，使人们可以相对延长工作、学习、娱乐及健身的时间，于人们的快乐、健康及发展极为有利。

9. 积极保健，以求健康长寿

健康长寿使人拥有更多的时间和精力，对于享受生活和发展事业非常有利。

10. 经常盘算时间

做事要常常带着时间观念，也就是说，要常常想着如何节约时间、安排时间和充分利用某些时间。无论在何地，都要把那里当做人生的一个时间站，好好利用时间。经常想着时间，开始或许不习惯，但时间长了，就会成为优良的习惯，对于个人的发展有益。高手不同于普通人的是，他们盘算时间比盘算金钱更多。

11. 主动掌握时间，尽量遵循时间安排

约定中要商量时间的安排，约定后也要安排好自己的时间。要精密地安排每小时、每日、每周、每月、每年的任务，尽量减少时间的浪费。比如计划什么时间应做什么事，而不能到了各个时间，才想着要做什么事。棋手的每步棋都是按原有的计划进行的，而很少是轮到自己下时，才想着怎么下。

12. 学会独处

凡成大事者都能快乐地独处，因为独处可以集中较多的时间学习、思考和发展事业，一时或许得利不大，但长期积累必然非常有利。过分爱热闹，

往往会为外界干扰浪费大量的时间，一时或许不多，但长期积累则很多，非常不利。当然，一个人既要学会独处，又必须有能力合群。

13. 专注于自己的事情

在学习做事的时间里，尽量避免和减少分神。如果精神不集中，即使投入的时间很多，投入的精力也不多。即使投入的时间不多，如果能集中精神，投入的精力也是不少的。

14. 抓住有利时机

在激烈的竞争中，高手能及早发现机遇，而普通人往往会等到机遇很明显时才认识到。俗话说：快一步，就领先一路。早发现机遇，并早计划、早付诸行动，有利于投入较多的时间和精力把握机遇。

15. 不为一些小事浪费时间和精力

有些小事做好了效益也很小，因而大可不必费神和费力。

16. 忙里偷闲

持续长时间工作的效率往往不高，倒不如抽点时间休息，以提高效率。这样有利于工作效果，而且有利于健康及快乐生活。

青少年时期是最有可为的时期、最宝贵的时期，除掉有特别感触而厌世的人和有特别思想而玩世的人之外，谁人不爱惜他的青春，谁人不宝贵他的青春呢？然而无论你怎样宝贵你的青春，怎样爱惜你的青春，你的青春，仍然是一天一天过去。无情的光阴，总是天天催着人离开你的优美的青春境域，这是自然规律。我们用不着惶惑和担忧，唯有充分运用它，才是对它最好的爱惜和宝贵。充分运用的意义，不只包含不放弃不用的意思，而且包含着用之而收效最大的意思。所以，青少年们不但不要浪费青年时期的精力和时间，而且还要设法令自己所消耗的每一分精力和每一分时间，都有最大的效率。如此才能让每一天都活得无怨无悔，实现生命历程的价值。

心思太杂的人成不了大事业

世人可以分为两类，一类是善于把自己的精力集中于重点工作的人，如有成就的科学家，各行各业的专家和绩效显著的决策者、管理者们，这类人属于少数。另一类是不善于抓重点的人，他们不同程度地存在着"眉毛胡子一把抓"的弊病。他们常说"忙死了"，但是，却产生不了好绩效，有时候甚至常常感觉不到自己在忙些什么具体的事情。为什么会这样呢？因为他们不知道怎样专注心思，也不知道怎样抓大放小。

不聚焦的阳光不燃烧，天底下的麻雀捉不尽，一只手抓不住两只鳖。自古以来，人不能在同一时间内，既能抬头望天又可以俯首看地，也不能同时左手画方，右手画圆。因此，心思太花就成不了大事业。从古至今，只要是在事业上、艺术上有所成就的人，都在事业和艺术上贯注了全部的精力。三心二意的人，难以取得大的成就。

鬼谷子说："欲多则心散，心散则志衰，志衰才思不达也。"意思是说，欲望过多，则心力分散，意志就会薄弱，思力就会不畅达，思力不畅达则事难以成。

如果獐飞快地奔跑，马都追不上，但獐却常常被猎人捕获，原因就在于它时时分心，回头张望。冬夏两季不能同时形成，野草和庄稼不能一同长大，果实繁多的树林长得低矮，心思太花的人难以成就事业，这都是自然的规律。你可以长时间卖力工作，聪明睿智，才华横溢，屡有洞见，甚至好运连连。可是，如果你心思太花，不能找准自己的方向，那么一切都会徒劳无功。

人的精力毕竟是有限的，往往穷尽全力也不见得能把事做好，何况心思太杂、不专心致志呢？一心几用，表面上看起来可以提高做事的效率，其实不然。如果在用100%心思的地方你只用了50%，结果就不能如你所愿，甚至连预期结果的50%都不一定能达到。若是你同时去做两件事，那么两件事都难以圆满完成。这样一来，你不得不重新开始，于是耽误的不仅是时间和精力，也会延误你下一步的行动，如此恶性循环，即使眼下没有出现问题，时间长了，出现的问题和错误也会让你穷于应付，到那时，关乎你生活和前途的这些错误后果，将让你追悔莫及。

网易创始人丁磊曾一针见血地指出："往往在不专注的时候，也是你最容易犯错误的时候。"心思太花，人们的精力就难以集中，无法将注意力、观察力、创造力等力量集中在一件事物上面，自然也就无法有出色成绩，更别提成就大事业了。

有个经验丰富的老木匠准备退休。这位木匠一生成果无数，做出来的器具、造出来的房子总是令人爱不释手、赞叹不绝。人老了总是想安度晚年，老木匠也不例外。于是他告诉老板，说要离开建筑行业，回家与妻子儿女享受天伦之乐。这样的好木匠，老板自然舍不得让他走，他就问老木匠，是否能帮忙再建一座房子。老木匠虽然归心似箭，但仍然答应了老板的要求，回答说"可以"。于是，老木匠又开始忙活起来，整天"乒乒乓乓"地到处敲敲打打。只不过，大家都看得出来，老木匠的心思已经没放在手头的木工活上了，他用的是软料，出的是粗活。比起他以前盖的那些房子来，这座新房子还不如一个新手盖的呢。

房子建好的时候，老板把大门的钥匙递给他说"这是你的房子。"他说，

"作为这么多年你用心做事的礼物。"老木匠震惊得目瞪口呆，羞愧得无地自容。如果他早知道是在给自己建房子，他怎么可能将房子盖成那样呢？现在，他得自食其果，住在一幢粗制滥造的房子里后悔不已。

其实在生活中，很多人都是这样。我们心不在焉、三心二意地"建造"自己的生活、对待自己的工作。我们不是积极行动，而是消极应付，凡事不能专心，顾此失彼，导致事物的浮浅和失序。等我们惊觉自己的处境时，才发觉自己早已深困在自己建造的"破烂房子"里了。

爱默生是一位谦虚的作家，他在老年时反思自己一生的成就时却说："让我步入失败深渊的人不是别人，是我自己。我一生中最大的敌人不是别人，是我自己。我是给自己制造不幸的建筑师，我一生希望自己成就的事业太多了，以至于一无所成。"以爱默生的成就，他还这样反省自己，认为自己一无所成，足见他是多么的谦虚。

不过我们能从他说的话中，得到一个启示，即做事必须将所有精力投入到一点上，三心二意，只能一无所成。正如俗话说的："你要想把天下的麻雀捉尽，结果会一只也捉不到。"黄石公说："最悲哀的情形，莫过于心神离散；最大的病态，莫过于反复无常。"一个人能始终专心专注地思考、学习和从事一件事情，反而能把他从渺小的凡人造就成伟大的人物。

那么，作为青少年的我们要做到心无旁骛、提高效率的方法有哪些呢？给大家支四招：

1. **给自己设定一个具体目标**

比如：从现在开始我要在注意力高度集中的情况下，将这一讲的内容基本上一次都记忆下来，并且在心里不停地自我暗示。当你有了这样两个学习目标时，你的注意力本身就会高度集中，你就会排除干扰；你就会发现，在非常短的时间内，你的效率特别高。

2. 善于排除外界干扰

做一件事情之前，首先要清除与做此事无关的全部东西，然后使自己迅速进入主题。如果你能够做到一分钟之内没有杂念，直奔主题，你就了不起。如果你半分钟就能进入主题，就更了不起。如果你一坐在那里，十秒、五秒，当下就进入，那就是天才，那就是效率。有的人说，自己复习功课用了四个小时，其实那四个小时大多数在散漫、低效率中度过，没有用。反之，你开始学习，一坐在那里，与此无关的全部内容置之脑外，这就是高效率。

3. 善于排除内心的干扰

在学习时，有时内心可能有一种骚动，有一种干扰自己的情绪活动，有一种与这个学习不相关的兴奋。对诸如此类的情绪，要善于将它们放下来，予以排除。比如：可以将自己的身体坐端正，将身体放松下来，将整个面部表情放松下来，也就是将内心各种情绪的干扰随同这个身体的放松都放到一边。

4. 劳逸结合，生活有规律

比如，从现在开始，集中一小时的精力背诵 80 个单词，看自己能不能接受挑战。高度地集中注意力，尝试着一定把这些单词记下来，学习完了，再休息，再玩耍。当需要再次进入学习的时候，又能高度集中注意力。这就叫张弛有道。一定要训练这个能力。永远不要熬时间，永远不要折磨自己，一定要善于在短时间内一下把注意力集中，高效率地学习。

《荀子·劝学》中说："蚓无爪牙之利，筋骨之强，上食埃土，下饮黄泉，用心一也。"蚯蚓没有锐利的爪牙，也没有强壮的筋骨，但它上可以吃到地里的尘土，下可以喝到黄泉，这是用心专一的缘故。因此，我们只有对心思太花进行努力克服，学习成功者心思专注的品质，学会在任何时候将自己的力量集中起来，才能保持一种积极的、富有成效的思考状态，才能让生活中的每一天都活得无怨无悔，造就出一个又一个的伟业。

一段时期只做一件事，一生只做几件事

天地位一，人心定一，盛德立一，事功成一。凡是存二三心、立二三德、办二三业的人，什么事都难以成功。志因集中在一点上而专，心因集中在一点上而定，气因集中在一点上而静，神因集中在一点上而明，学因集中在一点上而精，艺因集中在一点上而工。孟子说："精力集中在一点上能成就万事，志向确定在一件事情上，并全心全力投入，不避险阻，不辞艰苦，不计患难，不计得失，不计生死，这样就是前面有移山倒海的大困难，也能妥善解决。"又说："以精深的学识，以坚定的恒心，运用精进的力量，还有什么做不成的事情呢？还有什么难以造就的成功呢？"

想成就大事，就不能把精力同时集中于几件事上，只能关注其中之一。一段时间只做一件事，一生只做几件事。这样，才能避免因为处理分外事务而分散了我们的精力，才能将事情做成。如果手里做着一件事，心里又想着另外一件事，或者一段时间同时做两件以上的事情，一生做很多事情，只会使做事效率低下，终致一事无成。

有一位记者瑞瑟采访爱迪生时问道："成功的第一要素是什么？"爱迪生回答说："能够将你身体与心智的能量锲而不舍地运用在同一个问题上而不会厌倦的能力……你整天都在做事，不是吗？每个人都是。假如你早上7点起床，晚上11点睡觉，你做事就做了整整16个小时。对大多数人而言，他们肯定是一直在做一些事，唯一的问题是，他们做很多很多的事，而我只做一件。假如你们将这些时间运用在一个方向、一个目的上，那么就会成功。"

格拉德韦尔一直致力于心理学实验、社会学研究，他曾将对古典音乐家、冰球运动员的统计调查改造成流畅、好懂的文字。在调查的基础上，他总结出了"一万小时定律"，他的研究显示，在任何领域取得成功的关键跟天分无关，只是练习的问题，需要练习1万小时——10年内，每周练习20小时，大概每天3小时。

每天3小时的练习只是个平均数，在实际练习过程中，花费的时间可能不同。20世纪90年代初，瑞典心理学家安德斯·埃里克森在柏林音乐学院也做过调查，学小提琴的大都从5岁开始练习，起初每个人都是每周练习两三个小时，但从8岁起，那些最优秀的学生练习时间最长，9岁时每周6小时，12岁时8小时，14岁时16小时，直到20岁时每周30多小时，共1万小时。

"一万小时法则"在成功者身上很容易得到验证。作为电脑天才，比尔·盖茨13岁时有机会接触到世界上最早的一批电脑终端机，开始学习计算机编程，7年后他创建微软公司时，他已经连续练习了7年的程序设计，超过了1万小时。

一万个小时的练习，能帮助你完成最重要的人生积累，精深练习乘以一万个小时，得到的有可能是世界级技能。其实一万个小时还有另外一种表述方式，那就是"十年"。早在20世纪90年代，诺贝尔经济学奖获得者、瑞典科学家赫伯特·西蒙就和埃里克森一起建立了"十年法则"。他们指出：要在任何领域成为大师，一般需要约10年的艰苦努力，不难让人联想到中国的古话"十年磨一剑"。

"一万小时法则"的关键在于，一万小时是最底限，而且没有例外之人。没有人仅用 3000 小时就能达到世界级水准，7500 小时也不行，一定要 10000 小时——10 年，每天 3 小时——无论你是谁。

这等于是在告诉大家，一万小时的练习是走向成功的必经之路。也就是说，只有一段时期只做一件事，一生只做几件事，才是成功之法门。

德国哲学家黑格尔说："那些什么事情都想做的人，其实什么都不能做，而终于导致失败。世界上有趣的事情异常之多，西班牙诗、化学、政治、音乐都很有趣味，如果有人对这些感兴趣，我们绝不能说他不对。但是一个人在特定的环境内，如欲有所成就，他必专注于一事，而不分散他的精力于多方面。"巴甫洛夫的一位学生这样来概括巴甫洛夫研究工作的基本特点："在每一瞬间，在每一段时间里，巴甫洛夫只想一件事，如果他思考，他只思考一件事。"这就是说，人的时间和精力有限，要取得事半功倍的成就，必须精力集中，一段时间只做一件事，才能达到目标，有所收益。

身为父母，应该有这样的经验：当我们正在全神贯注地做一件事时，电话铃突然响了，这时同事又请你帮忙递东西、上司又给你安排任务……于是，我们被迫中断手头的工作。这样来回折腾，我们可能一件事情都没有完成，甚至还会因为不断被打扰，忘掉了手头正在做的事，这样的工作显然没有效率。

换位思考一下，孩子时常也会遇到这种情况。比如，孩子在做作业的时候，妈妈在一旁为孩子端茶倒水、洗苹果、泡牛奶等，虽然是关心孩子，但是对孩子专注学习并没有好处，孩子同一时间既要做作业，又要吃苹果，还要喝牛奶，这样孩子怎么能静下心来专注地完成作业呢？所以，父母应该明白：每次让孩子做一件事，孩子才有可能专注地去做。有时候，父母给孩子创造了不错的学习环境，表面上孩子只在做一件事，实际上却心猿意马。比如，孩子在安静的房间里看书，但心却跑到外面去了。对此，父母首先要理解孩子，然后温和地提醒孩子："如果你在看书的时候想着玩，是不可能把书看进去的，而你又不能去玩，那么你应该认认真真地看书，然后再一心一意地去玩，这样你学得专注，又玩得开心，那才是最快乐的事情。"父母可以告诉孩子："人与人相比，智商相差不是很大，但如果谁专心，谁取得的成绩就好，凡是做事专心的人，最容易取得卓越的成绩。"

现在的孩子往往有很多作业要做，如果孩子在做数学题的时候，还想着语文的作文，或想着英语的单词没背，那么孩子不但什么事情都做不好，还会养成三心二意的坏毛病。很多孩子都有注意力涣散的毛病，这是做事、学习的大忌。父母要告诉孩子，不管面临多少项任务，要想做好，最聪明的办法就是每次只想、只做一件事情。在生活中，父母不妨故意给孩子布置多个任务，让孩子去完成，如果孩子能够按部就班、逐个完成任务，你要做的就是为孩子喝彩；如果孩子做得一塌糊涂，你要做的就是告诉他：每次专注做好一件事才是正确的。如果孩子认识不到一心二用的重要性，不妨给孩子讲一些相关的故事，使孩子在有趣的故事中明白做事的道理。

拉马科是一位著名的生物学家。小时候，拉马科的父亲希望他长大后当个牧师，就送他到神学院读书，后来由于"德法战争"爆发，拉马科当了兵。他因病退伍后，在银行里找了份工作，这时，拉马科想当个金融家。不久，拉马科又爱上了音乐，整天拉小提琴，想成为一个音乐家。后来，他的哥哥劝他当医生，拉马科便又学医 4 年，可是对医学没有多大的兴趣。

一天，24 岁的拉马科在植物园散步时遇上了著名的思想家、文学家卢梭，卢梭一眼就喜欢上了拉马科，常带他到自己的研究室里去。在那里，这位"南思北想"的青年深深地被科学迷住了。从此，拉马科花了整整 11 年的时间，系统地研究了植物学，写出了名著《法国植物志》。35 岁时，他当上了法国植物标本馆的管理员，之后的 15 年，他依然研究植物学。50 岁的时候，开始研究动物学。从这一天开始，拉马科用了 35 年时间来研究动物学，直到他去世。这样算起来，拉马科从24岁起，用26年时间研究植物学，35年时间研究动物学，因此成了一位著名的生物学家。最成功的人，都是能够迅速而果断作出决定的人，他们总是先确定并固定自己的主要目标，然后集中精力并为这个目标而努力工作，就像拉马科那样，最终获得了成功。

正如德鲁克所说的："如果卓有成效还有什么秘密的话，那就是善于集中精力。"卓有成效的人总是集中精力在一段时期内只做好一件事情。这是提高效率的好方法。

一段时期只做一件事，全身心地投入并积极促使它成功，这样我们就不会感到精疲力竭。我们能如水一样，目标明确，行动专一，成功的概率将大大增加。一生只做几件事情，我们将会将这几件事情做到极致，取得瞩目的辉煌成就！

正确基础之上的简单化原则是领袖思维

随着科技的进步，人们逐渐追求自己工作和生活的简便化，让机器代替许多原本繁复的手工工作。的确，如果能够简单地解决问题，为什么还要追求那些"复杂且高深"的方法呢？在许多人的印象中，思维方法仿佛是与复杂结缘的。他们不仅把问题看得复杂，更把解决问题的方式变得复杂，甚至钻到"牛角尖"里无法出来。其实，在正确基础之上的简单化原则，是领袖思维，也是顶级智慧的体现。

在很多情况下，人们都会把自己置于思维的复杂化之中，事实上很多事情并不像我们想象的那么复杂。尽管这听起来有些不可思议，但就实际情况而言，如果我们能多一分沉静与轻松，少一分冥思与苦心，用简单化原则去做复杂的事情，就能获得奇妙的效果。

关于正确基础之上的简单化原则，有个较为有名的法则"奥卡姆剃刀"。他的提出者奥卡姆·威廉有句有名的格言——如无必要，勿增实体。"奥卡姆剃刀"原则在逻辑学中又被称为"经济原则"。根据这一原则，对任何事物准确的解释通常是那种"最简单的"，而不是那种"最复杂的"，这就像音响没有声音，我们总是会先看看是不是电源没有接好，而不会马上就将音响拆开检查是否是哪个线路坏了。

许多年来，一个又一个伟大的科学家磨砺着这把"剃刀"，使之日渐锋利，终于成为科学思维的出发点之一。凡善于使用这把"剃刀"的科学家，如哥白尼、牛顿、爱因斯坦等，都在"削"去理论或客观事实上的累赘之后，"剃"出了精练得无法再精练的科学结论。"奥卡姆剃刀"体现的就是简单化原则，从方法论角度出发，舍弃一切复杂的表象，直指问题的本质。可惜，当今有不少人，往往自以为掌握了许多知识，喜欢将一件事情复杂化。

多年以来，不少人一直怀有这样的困惑：埃及金字塔的底边，为什么是由 365 块石头组成的？这个数字，是否跟地球自转周期有关？针对上述问题，我们只需拿起"奥卡姆剃刀"说话：它用 365 块石头砌成底边是因为它需要那么大，顶端的那 28 块石头也只是因为它正好需要那些石头——因为问题可能本来就是那么简单。假如硬要从复杂的角度进行联想，如果当时埃及金字塔的每条底边用了 555 块石头，那么，人们照样能够找到无数令人信服的相关联系，从而证明埃及人的种种先见之明。因此，这些解释原则上都可以"剃"掉。

因此，当我们的思路又开始变得复杂时，应该时刻提醒自己：该拿起"奥卡姆剃刀"，遵循正确基础之上的简单化原则了。因为，只有简单，才可以产生绝妙的主意。

爱迪生有个助手叫阿普顿。阿普顿出身名门，又是高等学府的佼佼者，他毕业后被安排到爱迪生身边做助手。虽然是助手，但阿普顿的优越感使他对爱迪生不以为然。但后来发生的一件小事使阿普顿对爱迪生佩服得五体投地，从此以后对爱迪生崇敬有加，兢兢业业地为爱迪生做着助手的工作。

有一天，爱迪生由于实验的需要让阿普顿去测量一下电灯泡的容积。阿普顿开始认为非常简单，因此满怀信心地答应了。他把梨形的灯泡拿到自己的工作间，先进行了测量，又绘制出了草图，然后便用各种公式做起了复杂的运算。可两个小时过去了，阿普顿依然没能算出来。爱迪生看见他焦头烂额的样子，轻声说了一句："你把简单的问题复杂化了。"只见爱迪生拿起灯泡盛满水，把水倒进了量杯里，这下答案马上就出现了：量杯上水面达到的刻度就是灯泡的容积。阿普顿恍然大悟，又惊又喜，惊喜过后随之而来的是深深的愧疚和自责。从此以后，他对爱迪生的态度发生了彻底的扭转，在工作中也更加的诚恳与用心了。

阿普顿虽然是名牌大学的高才生，但他在刚开始给爱迪生做助手的时候并不具备简单思维、简化问题的能力。为了测量一个灯泡的容积，又写又算，花了很长时间还是没能得出结果。而爱迪生借助量杯轻松地便测出了灯泡的容积，这给阿普顿上了一课。这就是天才和凡人的区别，爱迪生在科学上取得那样大的成就，和他遵循正确基础之上的简单化原则是分不开的。试想：如果他像阿普顿一样在一件小事上就浪费了那么多的时间，他怎么可能在有限的生命里取得那样大的成就？

在平时的生活中，我们很容易被眼前的事物所迷惑，在问题到来时不能保持清醒的头脑，因此也就认不清问题的本质。由于各种原因，我们总会将问题复杂化，最后力气没少费，但收效却不大。我们总是遵循着既定的、传统的方法去看待问题，却忽略了问题的多样性，应该具体问题具体分析。结果，问题在我们的脑海中越来越大，大到让人无从下手。

如果此时，你能够转变一下思路，遵循正确基础之上的简单化原则，用另一个角度去看待问题，就会更轻松地找到解决问题的、快捷有效的方法，就能够化繁为简、简化问题，轻松地解决问题。

绝妙常常存在于简单之中。

在竞争激烈的现代社会中，如果我们想要更有效率地学习、工作和生活，除了要有必备的知识和技能外，还应该培养自己简化问题，遵循正确基础之上的简单化原则的能力。把简单的事情做复杂容易，把复杂的事情做简单很难，这个能力是需要我们长期培养的，需要在平时的工作时间中用心摸索、逐渐养成。

青少年只有具备了这个能力，才会在学习和其他事务中，用最少的时间和精力去达到最好的效果，才会高效完成学习，才会成为同学中的佼佼者。也只有遵循正确基础之上的简单化原则，才能够让我们花最少的时间和精力作出更大的成绩，才能够让我们在有限的时间里完成更多的计划，才会在高效的同时稳步地朝着自己的目标迈进。

选择总有成本，放不下的人难成领袖

人生无处不是选择。有选择，就必然有得有失。得失之间，就是选择的成本。怎样让成本的效益最大化，意味着要深谙放下之道。有舍才有得，放得下，是一种智慧，是一种领悟，是一种释然，是一种升华；是摆脱困境、另觅他途的一种方式；也是寻回自我、重获自由的又一次生机。学会选择，懂得放下，就是成为领袖的一条必经之路，因为放下是明智者的选择。选择是明智者对放下的诠释，放下是选择的跨越，学会了选择和放下才能拥有成熟和睿智。

一天早上，妈妈正在厨房清洗早餐的碗碟。她有一个 4 岁的儿子，正自得其乐地在沙发上玩耍。不久之后，妈妈听到儿子的啼哭声。妈妈还没有将手擦干，就冲向客厅，看看孩子究竟发生了什么事。只见孩子仍坐在沙发上，但是，他的手却插进了放在茶几上的花樽里。花樽是上窄下阔的一款，所以，他的手伸了进去，但拔不出来。

母亲用了不同的办法，想把卡着的手拿出来，但都以失败告终。妈妈开始焦急，她稍微用力一点，儿子就痛得叫苦连天。在无计可施的情况下，妈妈想了一个下策，就是把花樽打碎。可是她尚有犹豫，因为这个花樽不是普通的花樽，而是一件价值连城的古董。不过，为了儿子的手能够拔出，这是唯一的办法。最后，她忍痛将花樽打破了。虽然损失不菲，但儿子平平安安，妈妈也就不太计较了。

她叫儿子将手伸给她看看有没有损伤。虽然孩子完全没有任何皮外伤，但他的拳头仍是紧紧握住无法张开。是不是抽筋呢？妈妈又一次惊慌失措。原来，他的拳头张不开，是因为他紧握着一个10元硬币。他就是为了捡这个硬币，所以将手卡在花樽的口内。小孩子的手拔不出来，不是因为花樽口太窄，而是因为他不肯放手。

为了不放弃一个硬币，而打碎了价值不菲的花樽，生活中，有的人不也是如此吗？不懂得放下的人注定会失去更多。就像那些表面看来无所不能的人，这也会，那也能干，不能集中精力做一件事，结果是事事半吊子，不能精通一行，最后落得贫困一生。出人意料的是，无所不能的穷人相当多。这是因为他们不善于放下。

"九连环"益智游戏的历史非常悠久，据说发明于战国时期。它是人类发明的最奥妙的玩具之一，无论解下还是套上，都要遵循一定的规则。

19世纪时有人经过论证，证明共需要341步，到目前为止还没有其他更为便捷的答案。其玩法比较复杂，解套方法是在前两环解下后，要解第三环时，需先将解下的第一环再套回，然后才能下第三环，之后再套回第一环；到解第四环时，依前法套回前面的三环，再解下开首的前两环，然后才能下第四环，最后又套上开首的前两环。以此类推，每要解开一个环，就必须将前面已解开的环再套回去，直到解到第九环，须将前面所有已解开的环都再套回去。如果解套者在每一步骤中，舍不得把好不容易解下的环套回去，那么这个九连环就无法全部解开。

我们的生活就犹如这个九连环，是由一个个环扣所组成的。如果只贪图眼前的小名小利，只安逸于现有解开的那个环，而不肯放弃，那么就无法再进一步，获得更多的收获；对于悲欢离合的"环"放不下，就会在悲欢离合里痛苦挣扎；对于心中的"环"放不下，生命就会被抑郁套牢。因为放不下，人就无法解开人生层层缠绕的环扣，无法解脱，从而使自己失去更多，甚至招致种种悲剧。

有一个富翁，在坐船过河时，由于风浪太大，船被浪打翻了，富翁落入水中。由于身上带了过多的金子，使本来可以轻松游到岸边的他几乎要沉入水中。富翁拼命地挣扎，但就是不放弃身上的金子，最后终因气力不支而丢掉了性命。

这个富翁其实就是不懂得放下的道理，不知道暂时的放下之后可以获取更多的利益。放下才是人生的大智慧。碰到强敌时，章鱼会舍弃自己的内脏来保全自己的性命。遇上天敌时，蜥蜴只有断弃自己的尾巴才能死里逃生。小蝌蚪之所以长成了青蛙，也需要它舍弃一条漂亮的尾巴。不会放下就等于背上许多沉重的负担。当生活强迫我们必须付出惨痛的代价以前，主动放弃局部利益而保全整体利益，主动放弃一时利益而顾及长远利益是最明智的选择。智者云："两弊相衡取其轻，两利相权取其重。"抓大放小、趋利避害，正是放下的实质。

也许你的精力过人，也许你的志向远大，但时间不容许你在一定时间内同时完成许多事情。在众多的目标中，我们必须依据现实，明智面对选择的成本，有所放下。

苦苦地挽留夕阳，是傻人；久久地感伤春光，是蠢人。什么也放不下的人，往往会失去更珍贵的东西。贪婪是大多数人的弊病，但它带给我们的是压力、痛苦、焦虑和不安。什么都不愿放弃的人，结果往往什么也得不到。人生的目的不是面面俱到，不是多多益善，而是好好把握已拥有的东西，它跟宝剑一样，剑刃越薄越好，重量越轻越好。

今天的放下，是为了明天的得到。懂得放下才有快乐，背着包袱走路总是很辛苦，放不下的人难成领袖。能够放下是一种超越，是一种境界，大弃大得，小弃小得。

做别人做不了或做不好的事

什么时候才最能体现一个人的价值呢？那就是做别人做不了或做不好的事。什么事才是别人做不了或做不好的呢？当然是那些被别人视为非常困难的事。一个人克服的困难越大，他的成就就会越高，他的价值就会越大。

璞玉没有经过打磨之前只是一块石头；宝剑没有经过淬炼以前只是一块顽铁；长在温室的花朵，虽然娇艳美丽，却经不起风霜。困难虽然是阻挡成功之路的绊脚石，但同时也是助推成功的踏板。只有经历过重重困难考验的人，才能磨炼出顽强的意志，才能有勇气面对更大的困难，才能在成功之后依然保持警惕，不至于让成功来得快，去得也快。艰难困苦对于我们每一个人来说，都是一种财富，我们不能回避，而应该勇敢地主动向其发起挑战，积极去做别人做不了或做不好的困难事情。

毛遂自荐的故事，或许能在这方面给我们以启发。

春秋时期，日渐强大的秦军在长平一线大胜赵军。秦军主将白起领兵乘胜追击，包围了赵国都城邯郸。大敌当前，赵国形势万分危急。平原君赵胜奉赵王之命，打算去楚国求兵解围。

　　平原君想从自己数千名家臣中，挑选出有勇有谋的20人随同前往，但挑来选去，还差一名。此时，有一位宾客不请自到，想要自荐补缺。他就是毛遂。平原君上下打量了一番毛遂，问道："你是什么人？找我何事？"毛遂说："我叫毛遂。听说您为了救邯郸将到楚国游说，在下愿随往。"平原君问："你到我这里多长时间了？""三年了。"平原君说："三年时间不算短了。一个人如果有什么特别的才能，就好像锥子装在囊中会立刻把它的尖刺显露出来那样，他的才能也会很快地显露出来。可你在我府上已住了三年，我还没听说你有什么特殊的才能。我这次去楚国，肩负着求援兵救社稷的重任，没有什么才能的人是不能同去的，你就留下来好了。"面对平原君的回绝，毛遂充满自信地回答道："您说得不对，不是我没有特殊才能，而是一直以来您没把我装在囊中。若早把我装在囊中，我的特殊才能就像锥子那样显露出来了。"平原君觉得毛遂的应答很有智慧，便应允带他前往楚国。

　　到了楚国，楚王只接见平原君一个人。两人坐在殿上，从早晨谈到中午，还没有结果。等在外面的20名随员焦急起来了。毛遂此来，因是自荐，所以其他的19名随员有些看不起他。这时候，他们想趁机捉弄一下毛遂，便说："毛先生，谈判久久没有结果。你进去问问如何？"毛遂大步跨上台阶，远远地大声叫起来："出兵的事，非利即害，非害即利，简单而又明白，为何议而不决？"楚王非常恼火，问平原君："此人是谁？"平原君答道："此人名叫毛遂，乃是我的门客！"楚王喝道："退下！我和你主人说话，你来干什么？"毛遂见楚王发怒，不但不退下，反而又走上几个台阶。他手按宝剑，说："如今十步之内，大王性命在我手中！"楚王见毛遂勇猛过人，就没有再呵斥他，而是允许他讲话。毛遂就把出兵援赵有利楚国的道理，作了非常精辟的分析。毛遂的一番话，说得楚王心悦诚服，答应马上出兵。没过几天，楚、魏等国就联合出兵援赵，打退了秦军。

平原君回赵后，待毛遂为上宾。他很感叹地说："毛先生一至楚，楚王就不敢小看赵国。"

在平原君和楚王谈判没有结果的情况下，毛遂显示出了自己的才能，使得犹豫不决的楚王答应出兵援赵。有为才能有位，他也因此在后来成为平原君的座上客，实现了脱颖而出的愿望。

其实，生活的本质、成长的本质都是解决困难，人们需要通过解决困难体现自身价值。在困难面前保持足够的韧性，遇到困难不惧怕、不退却，是获取学业、事业成功的重要因素之一。所以，主动克服困难，做别人做不了或做不好的事是通往成功的必经之途，也是彰显个人价值的必由之路。困难是人生的应有之义，因为只有在困难中，我们才能够得到磨炼；只有突破了困难，我们才能变得更加强大，我们的生命才会更加顽强。若是没有困难，整个人类就不会发展到今天。

人类的发展史正是一个不断克服困难的过程。当人类面临生存的困难的时候，人类学会了群居，学会了打猎，学会了制造工具；当人类想要记载却无法记载的时候，文字应运而生；当人类觉得竹简太过笨重的时候，发明了纸张……人类现有的一切都是为了解决曾经的困难，而在这一过程中，人类适应生存环境的能力越来越强大，甚至能够控制生存环境。

我们每个人都具有无穷的潜力，然而，由于没有环境的逼迫，我们始终无法将这部分潜能激发出来。而向困难发起挑战正是激发潜能的最好办法。因为困难会将我们逼入绝境，使得我们不得不"置之死地而后生"，在这种情况下，我们会把全身的能量用来克服困难。等到困难克服的时候，我们的潜能也就被激发出来了。

然而，在很多时候，我们总是会对困难望而生畏。困难就如同横亘在路上的高山，我们虽然想越过它，看看山后的风景，但是却被山的高度吓怕了，不敢迈出一步。其实，世上没有攀登不了的高山，即使是珠穆朗玛峰也一样有人能够征服，只要我们具有向其挑战的勇气，就一定会克服种种困难，登上山顶，享受"一览众山小"的豪情。

因此，我们不应该拒绝困难，只要我们能够不断地去做别人做不了或做不好的事，积极战胜困难，那么我们就能够不断地突破自我的局限，具备越来越强大的能力，将我们的未来之舟驾驭得又稳又好。

心太贪，到头来啥都得不到

贪心指贪得无厌，意即对与自己的力量不相称的某一目标过分的欲求。与正常的欲望相比，贪心没有满足的时候，反而是越满足，胃口越大。一个人只有放下贪婪，节制欲望，才能获得真正的成功。什么都想要的时候，往往什么都得不到。

大千世界，大凡有正常思维之人都有理想、抱负，并为此执着地追求。这其中也不乏以金钱为动力的追求。但这种追求却不会使人感到羞愧和懊悔，因为只要这些都是符合现实生活的、客观实际的，都是可以被接受的。但是，过分而不符合客观实际的追求就是太贪心。它可以使人一无所获，甚至招致毁灭。

从前有个人想得到一块土地。农场主就对他说，清早，你从这里往外跑，跑一段就插个旗杆，只要你在太阳落山前赶回来，插上旗杆的地都归你。

那个人就不要命地跑，太阳偏西了还不知足。太阳落山前，他是跑回来了，但已经累得精疲力竭，摔个跟头就再也没有起来。于是农场主就挖了个坑，就地埋了他。牧师在给他做祷告的时候说："一个人需要多少土地呢？就这么大。"

人是一种贪婪的动物，永远没有满足的时候，所以也常常把自己逼得有气无力。有时想放松一下，可一旦放松，就要失去一些东西，又不得不拼命努力。因此，做人要学会控制自己贪婪的欲望，否则就会成为金钱的奴隶，最终丧失自我，被欲望所役。

一天，一个靠炒卖股票发家的富翁在院子里看着他八岁的儿子捕雀。

捕雀的工具很简单，是一只不大的网子，边沿是用铁丝圈成的，整个网子呈圆形，一端用木棍支起，木棍上系着一根长长的绳子，孩子在立起的圆网下撒完米粒后，就牵着绳子躲在屋内。

不一会儿，飞来几只麻雀，孩子数了数，竟有十三只！它们大概是饿久了，很快就有八只麻雀走到了网子底下。富翁示意孩子可以拉绳子了，但孩子没有，他悄悄告诉富翁，他要等那五只进去再拉，再等等吧。

等了一会儿，那五只非但没进去，反而走出来四只。富翁再次示意孩子快拉，但孩子却说，别忙，再有一只走进去就拉绳子。

可是接着又有三只麻雀走了出来。富翁对孩子说，如果现在拉绳子还能套住一只玩儿，但孩子好像对失去的好运不甘心，他说，总该有些要回去吧，再等等吧。

终于，连最后一只麻雀也吃饱走出去了。孩子很伤心。

富翁抚摸着孩子的头，慈爱地教训道："欲望无穷无尽，而机会却稍纵即逝。很多时候，贪婪不但不能满足我们的欲望，反而会让我们把原先拥有的东西也失去。"

人有一定的占有欲望是正常的，但当这种欲望过于强烈时就成了贪婪。我们每个人都应该懂得"见好就收"的道理，否则，不但什么也得不到，就连已拥有的东西也会失去。

汤玛斯·富勒说："满足不在于多加燃料，而在于减少火苗；不在于积累财富，而在于减少欲念。"

据说上帝在创造蜈蚣时，并没有为它造脚，但是它仍可以爬得和蛇一样快速。有一天，它看到羚羊、梅花鹿和其他有脚的动物都跑得比自己快，心里很不高兴，便嫉妒地说："哼！脚越多，当然跑得越快。"于是，它向上帝祷告说："上帝啊！我希望拥有比其他动物更多的脚。"上帝答应了蜈蚣的请求。他把好多好多的脚放在蜈蚣面前，任凭它自由取用。蜈蚣迫不及待地拿起这些脚，一只一只地往身体上贴，从头一直贴到尾，直到再也没有地方可贴了，它才依依不舍地停止。它心满意足地看着满身是脚的自己，心中暗暗窃喜："现在我可以像箭一样地飞出去了！"但是，当它一开始要跑步时，才发觉自己完全无法控制这些脚。这些脚噼里啪啦地各走各的，它非得全神贯注，才能使一大堆脚不互相绊阻而顺利地往前走。这样一来，它走得比以前还慢了。

当欲望产生时，再大的胃口都无法填满，贪多的结果只会带来无穷尽的烦恼和麻烦。

不过，不少人都不愿承认自己贪心。如果说"赢家想要一切"这一心态需要有一个标志的话，也就是贪心的本能表现得淋漓尽致，竭力追逐更多的权力和名望变成目标本身。当这种欲望在左右每一次抉择时，真正的问题便产生了。突然，我们不仅希望得到一切，而且认为自己受之无愧。考虑到人的本性容易把以往标志着进步或成功的东西视做当然，这种事情太容易发生了。

但是，心太贪的人必将受到生活的惩罚，许多人因为欲望过多而失败，这样的教训并不少见。

贪婪并非遗传所致，是个人在后天社会环境中受病态文化的影响，形成自私、攫取、不满足的价值观而出现的不正常的行为表现。若欲改正，也是可以做到的，具体方法如下。

1. 知足常乐法

一个人对生活的期望不能过高。虽然谁都会有需求与欲望，但这要与本人的能力及社会条件相符合。每个人的生活有欢乐，也有缺失，不能搞攀比。要知道，"人比人，气死人"，"尺有所短，寸有所长"，"家家都有本难念的经"，心理调适的最好办法就是做到知足常乐。"知足"便不会有非分之想，"常乐"才能保持心理的平衡。

2. 格言自警法

古往今来，仁人贤士对贪婪之人是非常鄙视的，他们撰文作诗，鞭挞或讽刺那些索取不义之财的行为。想消除贪婪心理的人，应牢记那些诗文和名言格言，朝夕自警。

3. 自我反思法

自己在纸上连续20次用笔回答"我喜欢……"这个问题。回答时应不假思索，限时20秒钟，待全部写下后，再逐一分析哪些是合理的欲望，哪些是超出能力的过分的欲望，这样才可明确贪婪的对象与范围，最后对造成贪婪心理的原因与危害进行较深层的分析。分析清楚后，便下决心，要踏踏实实做人，改掉贪婪的恶习。

其实我们每一个人所拥有的财物，无论是房子、车子……没有一样是真正属于我们自己的。这些东西只是暂时归属于我们而已，所以心态平和的人把这些财富统统视为身外之物。如果得不到我们希望拥有的东西，最好不要让忧虑和悔恨来打扰生活。让我们把一切都看得平淡些、看得轻松些，不要期望太高，也不要过分地求全责备。如此，我们才能更好地珍惜，才有更多的收获，才会更快的成长。

第五章

韧劲：扛不住压力成不了事

压力是个宝，不大不小刚刚好

生活中，有些妈妈因不了解孩子的心理，往往存在这样一个误区，压力越大，效率越高。其实这是不对的，压力太大，容易使孩子产生焦虑、紧张；而没有压力，又容易让孩子处于松懈状态。只有适当的压力才能使孩子保持较高的学习效率，使孩子以最快的速度进步。

科学家耶基斯和多德林的心理实验最早研究工作压力与工作业绩之间的关系，在早期的研究中发现：工作压力与业绩之间存在着一种倒 U 形关系，这就是著名的"倒 U 形假说"，也称为"耶基斯和多德林法则"。"倒 U 形假说"认为：压力较小时，工作缺乏挑战性，会使人处于松懈状态；当压力逐渐增大，成为一种动力时，它激励人们努力工作，逐步提高工作效率；当压力等于人的最大承受能力时，人的效率达到最大值；但如果压力超过了人的最大承受能力，压力就会成为阻力，效率也会随之降低。心理启示良性的压力会驱使人们工作更加卖力，把事情做得更好。

宋徽宗是一位喜欢书画并且有很深造诣的皇帝，有一天他突发奇想地问随从："天下何人画驴最好？"随从回答不出来，宋徽宗很生气，责令左右定要找到画驴最好的人。属下退下后急寻画驴出名者，惶急中得知一名叫朱子明的画家有"驴画家"之称，便欲召朱子明进宫画驴。

朱子明得知被召进宫是为皇上画驴时，吓出了一身冷汗，原来他根本不会画驴，他本是画山水的画家，只因为其脸形狭长而似驴，好友们酒后戏谑，就给他起了个"驴画家"的绰号。但宋徽宗自然不会听他如此解释，若是自己不会画驴那可就犯了欺君之罪，情急之下的朱子明苦练画驴技术，在面圣之前先后画了数百幅有关驴的画，最后竟得皇上赏识，真正成了天下第一画驴之人。

"没有压力就没有动力"，若是没有宋徽宗"画驴"的压力，朱子明也不可能得到赏识而平步青云。这就是适当压力的作用。

俗话说："井无压力不出水，人无压力难成器。"妈妈要对孩子给予一定的期望，给孩子适度的压力，这既是关爱孩子，也是鼓励孩子，还是增强孩子自信的主要途径，有利于发掘孩子的潜力。每个孩子都有无穷的潜力，只有当父母给予孩子不大不小刚刚好的压力时，孩子的潜力才能向井水那样喷薄而出。

不可否认，任何知识和技能的学习都有枯燥的一面，这恰恰为孩子提供了"压力训练"，有机会感受到挫折，认识到"努力"的价值。这是必要的挫折教育。虽然压力过大会让孩子产生消极心态，但是，一点儿压力都没有也是不行的，那样孩子很容易因失去动力而放任自流。繁重、单调的课业负担一方面造成孩子精神长久地处于紧张状态中，另一方面导致他们对学习越来越不在意、麻木，甚至产生厌烦情绪。但是，如果没有必要的压力，对孩子的发展一定会好吗？当前，一些教育专家从部分孩子的学业进步和成长过程中体会到，孩子必须有适当的压力，才能不断追求、探索、进取。

古人云："时过然后学，则勤苦而难成。"孩子正处在掌握知识和技能的重要阶段，父母不给他们一点儿压力、一点儿负担，不帮助他们打下坚实的基础怎么行呢？孩子在一定的年龄，就必须不折不扣地完成一定的任务，对自己的所作所为负起责任，并且尽可能多地掌握知识，才会有助于将来的发展与成就。但是，不同的孩子承受能力是不一样的，父母应根据自己孩子的客观情况，制订具体的学习任务和方向。在给孩子增加压力的过程中，要善于衡量孩子承受压力的限度。

帕格尼尼被称为"小提琴之神"，他的演奏曾让全世界为之疯狂。帕格尼尼的父亲是一个爱好音乐的商人，他对帕格尼尼非常严苛。在帕格尼尼3岁时就开始教他小提琴演奏技巧，5岁时又让他师从小提琴家塞尔维托·科斯塔。那时的帕格尼尼虽然具有灵性，但仍旧贪玩，这时父亲就给他下达了每天必须作一首完整的曲子、练习一首名曲的任务。小帕格尼尼的自尊心非常强，即使到深夜也要完成作曲任务。于是，帕格尼尼8岁时便创作了他的第一首小提琴奏鸣曲，并能演奏小提琴家、作曲家布雷尔的协奏曲。9岁加入市立歌剧院的管弦乐团。11岁就登台演奏自己创作的《变奏曲》。12岁时把《卡马尼奥拉》改编成变奏曲并登台演奏，一举成功，轰动了全世界。法国著名小提琴家罗多尔夫·克罗采听了帕格尼尼的演奏，也为他惊人的技巧而目瞪口呆，甚至在日记中写道："犹如见到恶魔的幻影。"为此，人们也就把帕格尼尼的演奏称作"恶魔的演奏"。

要培养好一个孩子，不能没有压力。缺乏承受生活压力的能力的人不可能获得长足的进步，更不会有成就。人们常说，需要是发明之母；同样道理，压力可以称为潜能之母。压力有时会让人把潜能发挥到极致。

科学研究表明，人的一生中只有5%的潜能得到运用，其余的潜能未被开发出来，它就像隐藏于水下的冰山一样巨大。因此，适当的压力会激发孩子无穷的潜力，使孩子在有张有弛的环境中健康成长。

世界网坛名将贝克尔之所以被称为"常胜将军"，其秘诀之一就是在比赛中自始至终防止兴奋过度，一直保持着半兴奋状态。不过负面压力或压力过重也会带来不良影响，引起生理和心理上的病症。在孩子的学习过程中，如果压力过大，长期处于紧张状态，学习效率就会越来越低。父母必须重视这一效应，采取有效措施，不要对孩子提出过多、过高的要求，要理解并开导孩子，适当缓解孩子的紧张情绪，这样不仅能让孩子学得愉快，还能让孩子学得牢固。再者，父母不能因为害怕压力成为孩子的负担，而疏于对孩子的管理，孩子没有压力，就会滋生惰性，不利于孩子进步。

那么，父母应该怎样给孩子适当的压力呢？

1. 给孩子合理的期望

过高的期望是一种压力，合理的期望是一种动力。因此，父母对孩子的期望值应适度，期望值过低或过高对孩子的成长都不利。家长对孩子的适当压力是鞭策，忧患意识促使孩子进步。期望值应根据孩子的具体情况来确定，最好的期望值是孩子稍加努力后就能实现。当孩子经过努力实现了这个目标，家长一定要对孩子的表现给予赞赏，要显得兴奋，必要的话可以给孩子一定的奖励，同时与孩子探讨下一步努力的方向。家长对孩子的期望可以结合孩子的理想与志向，最好能将孩子的理想或志向细分为多个短期的目标，让孩子逐个去实现，这样孩子就容易一步一步走向成功。

2. 给孩子相应的支持

很多时候，家长给孩子多大的支持，孩子就能承受多大的压力。一个生活在无压力的环境中的孩子是难以成才的，因为压力不够就不能驱使孩子前进，孩子的潜力就得不到开发。如果孩子承受的压力很大，而缺少家长的支持，那么孩子也会因为孤军奋战，而难以走向成功。当然，如果孩子承受的压力小，而父母给他的支持很大，那么孩子就缺乏挑战，生活中那些受宠的孩子遇到的就是这类情况。只有适当的压力和支持，才能既让孩子充满自信去接受挑战，又能得到必要的指导，在这种合力的作用下的孩子才容易成功。

3. 给孩子压力不等于给孩子嘲讽

有些父母为了防止孩子产生骄傲情绪，在孩子取得成绩的时候不但不给予赞扬，反而嘲讽孩子，期望以此给孩子一定的压力，殊不知，这样做是非常不明智的。冷嘲热讽是一种消极的心理暗示，会给孩子造成内伤，即心理创伤，这样的危害远比孩子身体上的伤害更严重。如果经常以这种方式对待孩子，将会使孩子的心灵变得扭曲、自卑、缺乏爱心、焦虑压抑，这样不仅不利于孩子学习，还容易使孩子形成性格缺陷。身为父母，应以平和的心态、温和的语言、平等的思想与孩子认真地对话和交流，像孩子的朋友一样，去分享孩子成功的喜悦和失败的悲伤，给孩子积极的期望与相应的支持，这样孩子才会回报父母一份丰收的硕果。

压力是个宝，不大不小刚刚好。适当的压力促使我们不敢停下成长的脚步，适当的压力使我们时时前进，适当的压力使我们面对挑战时不再退缩，适当的压力使我们实现一个目标时不敢懈怠，适当的压力让我们获得成就时能够再接再厉。没有压力的工作和生活通常会使人表现出懒散、庸庸碌碌、毫无上进心等，所以，适当的压力能够激发出青少年更大的学习和生活热情，促使青少年走向成功。

压力都是一样的，抗压能力各有不同

压力是一个较宽泛的概念。一般来说，它是由包括冲突与挫折等在内的一系列条件引发的。压力是各种情绪情感的反应，也是有机体的一种内部状态。需要强调的是：尽管压力是由各种各样的外部因素引发的，但由于存在着个体差异，同样的外部刺激，每个人内心所感受到的压力程度却有很大的差别。有些人的压力感觉阀限偏低，对压力特别敏感；而有些人的压力感觉阀限偏高，愿意接受挑战，对压力的承受能力也强。

下面的问卷能帮助你了解自己抗压能力的高低。你的各种症状出现的频率用 1 ~ 5 五个数字表示，请将相应的数字标在问题后作为答案。

1= 从来没有过

2= 不经常：没有达到 1 月 1 次，但每半年不止 1 次

3= 有时：没有达到 1 周 1 次，但每月不止 1 次

4= 经常：1 周不止 1 次

5= 一直都这样

然后将你的分数相加，阅读分数评析。

心理症状：

1. 你觉得很容易放松吗？

2. 你是否易怒？

3. 你是否经常感到厌烦、无聊？

4. 你是不是精力很难集中？

5. 你是不是感到焦虑？

6. 你是否难以做决定？

7. 你是否感到沮丧？

8. 你是不是觉得别人对你有敌意？

9. 你烦躁过吗？

10. 你感到过大脑一片空白吗？

11. 你失眠吗？

生理症状：

1. 你头痛吗？

2. 你感觉过心跳剧烈吗？

3. 你有过敏反应吗？

4. 你有过消化不良吗？

5. 你睡觉磨牙吗？

6. 你颈部疼痛吗？

7. 你感到过浑身无力吗？

8. 你背部疼痛吗？

9. 你手脚出汗吗？

10. 你胃部疼痛吗？

11. 你有没有浑身发抖过？

12. 你感到胸闷过吗？

13. 你是否无法控制你的情绪？

分数评析：

60分以下：你的生理、心理上的压力症状不明显，你应付各种压力还是很自如的。不过值得一提的是，这份分析是针对于你现在的状况，所以不要盲目乐观。也许下周就会有什么事发生，那时你再做一次测试的话，情况可能就大不相同。请记住，压力不足和压力过大的情况同样很麻烦，症状表现为懒怠、无聊，对什么都没有兴趣。如果你也这样的话，那就说明你的身心麻木，需要新鲜的刺激。你可以进行些体育运动，寻求新的挑战，以更积极的方式思考。

60~80分：你的抗压能力和身心压力症状中等。你还没有进入危险地带，但若不注意，则很难说。如果你的回答中有两个1分或两个5分的话，说明你可能正承受着过去的某种压力。几年前没有解决的问题，没达成的目标，都会给你带来同样的压力。若是这样的话，你应该尽量找出并解决这个问题。如果这也做不到，那么，最好去看医生或进行心理咨询。

81~99分：你的生理和心理上的压力症状非常明显。不能再耽搁了，请认真按照本书后半部分介绍的方法去做。每天做一些练习，针对带给你压力的问题逐一去解决。

100分：你的生理和心理上的压力症状已经到了非常严重的地步，已接近心理和生理的极限。如果不尽快改善你的生活方式，你很可能会精神全面崩溃。现在就行动起来，采取措施增强战胜这些压力的能力，或去寻求专家帮助。

决定抗压能力的个体因素主要是：年龄、体质、性别、动机、意志、能力、经验等。比如，身体强壮的人通常比身体赢弱的人在抗压能力上好得多，至少可以说，在身体反应的感受性与耐受性上有着明显的区别。众所周知，个人的观念差异也会导致个人抗压能力的不同。

对于青少年来说，抗压能力的不同所产生的行为差异也是明显的。

（1）抗压能力强的青少年在聪慧性、敢为性、实验性、独立性等方面都显著高于其他同龄人。他们的学习能力一般都比较强，而且机警敏捷、富于想象力、身心健康。他们少有顾虑，愿意主动尝试新事物，能经得起挫折打击，不拘泥于已有的结论，观念开放，自立自强，积极向上，坚韧不拔。

抗压能力弱的青少年聪慧性显著低于其他同龄人。他们学习能力差、领悟缓慢，抽象思维能力低，比较迟钝。

（2）抗压能力强的青少年在乐群性、稳定性、兴奋性、自律性等方面明显高于其他学生。优秀学生表现为外向、热情；为人坦率，而且情绪稳定，能面对现实，沉着冷静；心理自我调节能力强，能合理支配自己的感情与行动，自律自尊。

抗压能力弱的青少年具有较高的紧张困扰。其紧张性明显高于优秀学生和等级平均水平，对人对事缺乏信心，有游离性焦虑。

（3）抗压能力强的青少年在忧虑性、紧张性方面明显低于其他学生。与其他学生相比，抗压能力强的青少年乐观豁达，敢于面对困难，信任自己应付问题的能力，不轻易动摇，很少有压抑感。

抗压能力弱的青少年有较低的乐群性和实验性。他们大多感情冷漠，性格孤僻，为人做事执拗，看问题片面，拒绝变化，不愿体验新经验。

总体来看，抗压能力强的青少年的心理素质因素、专业成就因素都高于抗压能力弱的青少年的平均水平。

可见，抗压能力弱的青少年较难立足于社会，也较难在这个竞争激烈的生存环境中顽强地生存下去，获得自己的发展空间。孩子的抗压能力是他们学习和生活必备的能力。没有一定的抗压能力就难以取得优异的学习成绩，也难以取得成功。父母在日常教育中应该重视和努力提高孩子的抗压能力，如此，孩子才具备勇敢地面对失败和挫折的基本能力，才拥有走上学业和事业成功之路的重要保障。

成为领袖的路上随处都是压力源

（一）压力源的类型

心理压力的产生原因是复杂的，我们把那些具有威胁性或伤害性并因此带来压力感受的事件或环境称为压力源。生活中的压力源可能存在于人们自身，也可能存在于环境中。

心理学家在研究中把造成压力的各种生活事件进行分析，提出了四种类型的压力源：

1. 躯体性压力源

躯体性压力源是指通过对人的躯体直接发生刺激作用而造成身心紧张状态的刺激物，包括物理的、化学的、生物的刺激物。如过高或过低的温度、微生物、变质食物、酸碱刺激等，这一类刺激是引起生理压力和压力的生理反应的特质因素。

2. 心理性压力源

心理性压力源是指来自人们头脑中的紧张性信息，如心理冲突与挫折、不切实际的期望、不祥预感以及与工作责任有关的压力和紧张等。心理性压力源与其他类型压力源的显著不同之处在于，它直接来自人们的头脑，反映了心理方面的困难。生活中的压力事件处处可见，但为什么有的人无动于衷，有的人却耿耿于怀，区别就源于人们内心对压力的认知。如果过分夸大压力的威胁，就会制造一种自我验证的预言："我会失败，我应付不了。"长此下去，会产生所谓的长期性压力感，从而畏惧压力。

3. 社会性压力源

社会性压力源主要指造成个人生活方式上的变化，并要求人们对其作出调整和适应的情境与事件。社会性压力源包括个人生活中的变化，也包括社会生活中的重要事件。个人生活的改变常常会给人带来压力。

4. 文化性压力源

文化性压力源最常见的是文化性迁移，即从一种语言环境或文化背景进入到另一种语言环境或文化背景中，使人面临全新的生活环境、陌生的风俗习惯和不同的生活方式，从而产生压力。若不改变原有习惯，适应新的变化，常常会出现不良的心理反应，甚至积郁成疾。例如出国或留学，如果缺乏对环境改变所应有的心理准备，没有一定的外语水平，在异质文化背景下就会难以适应、无法交流、难以沟通，因而压力不断甚至引发心情郁闷或疾病。

（二）如何应对压力

压力源存在于生活的每个角落。青少年要想成为未来领袖，需要付出超常的努力，需要面对更多的难题，需要更深地融入社会环境，需要更扎实的文化底蕴，因此，在摘取领袖桂冠之途，压力源更是密密麻麻、随处可见。

不过，压力源并无绝对的强弱度，它取决于个人的认知与评估。例如，阑尾手术对初次手术的人来说是大的压力源，但对曾经经历过大手术的人来说可能就没什么。抗压能力强的人，对多数的生活事件不感知其为压力源，认为它们是生活的正常组成部分、是适当的，也就因此大大地减少了压力反应。人的防卫能力，也可以通过学习一些新的应对技能而增强。以下的防卫模式，有助于人们了解人类应对压力的程序，主动地应对压力，避免产生严重的压力反应，从而保护自己。

1. 对抗压力源的第一线防卫——身心防卫

（1）生理防卫。生理防卫包括遗传素质、一般身体状况、营养水平、免疫功能等。如完整的皮肤、健全的免疫系统、健壮的体魄，既可保护机体免受病毒、细菌等压力源的侵袭，也有助于个体以旺盛的精力，采取积极有效的措施应对来自社会和心理方面的压力源；相反，营养不良者即使受轻伤也容易感染。

（2）心理防卫。心理防卫指个体在心理上对压力做出适当反应的能力。

面对压力源带来的焦虑、失望、沮丧等消极情绪和心理上的冲突、精神上的痛苦，人们常常在潜意识的状态下运用一种或多种心理防卫机制，以避免心理上的痛苦与不快，并采取有效的应对方法，进而解决问题。心理防卫能力取决于个体的生活经历、所受教育、智力水平、生活方式、性格特征、坚强程度、焦虑阈值、经济状况、社会支持系统等因素。一个意志坚强的人，对于任何困境都能勇敢地面对并尽快适应。

2. 对抗压力源的第二线防卫——自力救助

当一个人面对的压力源较强大而自身的一线防卫能力又比较弱时，肌体就会出现一系列的身心反应：此时必须使用自力救助的防卫线来对抗和控制压力反应，以减少发展成急性或慢性疾病的可能。

自力救助的方法主要包括：

（1）正确对待问题。首先确定问题（压力源）的来源，然后理智地面对。面对压力个体首先应设法改变情景，消除压力源，若不可能做到，就从另一个角度看问题，至少可以改变自己的感受和反应。比如遭遇重大误解，首先可积极寻求机会进行澄清，若无法澄清，可以让自己以轻松的心情看待此事，毕竟"身正不怕影子斜""历史会还人以清白"。

（2）正确对待情感。对焦虑、沮丧、绝望、愤怒等不良情绪，个体应主动分析这些情绪产生的原因及伴随的生理反应，客观地承认它的存在，认识它的危害，运用有效的应对方法消除或减弱它对人体的影响。比如，参加娱乐活动、与朋友谈心等，但抽烟、酗酒是一种消极的应对方式。

（3）利用可能得到的支援，比如寻求朋友、家人的帮助。

（4）减少压力的生理诱因。良好的健康状况是人们积极面对生活，抵抗压力源的侵犯，减少不良反应的基础。因此，加强自我保健，增强自身的体质，是有效应对压力的重要方法。如：改善自己的营养状况、加强锻炼、选择有益健康的生活方式等。

3. 对抗压力源的第三线防卫——专业辅助

当强大的压力源导致疾病时，个体就必须及时寻求医护人员的帮助，由医护人员提供专业的医疗、护理和咨询服务，以利于疾病的痊愈。若专业辅助不及时或不恰当，就会使病情加重或演变成慢性疾病，如高血压、冠心病、消化性溃疡等，这些疾病本身又可以成为压力源，加重护理对象的负担，并进一步影响其身心健康。

有自己的一套舒缓压力的习惯模式

现代社会生活压力与日俱增，孩子也同样承受着很大的压力。由于教育资源紧缺，为了获得更好的教育机会，孩子们从背上书包那一刻开始就同时背负着巨大的升学压力。在孩子求学和生活的过程中，失败和打击也如影随形。还有些孩子的家庭并不富裕，甚至在沉重的学业负担之余仍要为经济情况而忧心。

在孩子们追梦的过程中，沉重的压力、不可预知的失败与挫折、有限的心理承受能力使得压力长期积郁在心里得不到有效的舒缓，严重影响孩子的心理健康，并最终危害孩子的身体，引发头痛、抑郁症、恐惧症、心脏病、癌症，甚至可能形成异常行为，造成精神失调、精神病等病，最终一事无成。因此，父母应该引导孩子对压力及时进行舒缓，建立一套适合自己的舒缓压力的习惯模式，把这些压力和失败带来的消极情绪抛弃，轻松地迎接未来。

（一）营养饮食的习惯

饮食习惯对人体健康有很大影响，良好的饮食习惯，是保证健康的重要措施，而健康的体魄是精神愉快、舒缓压力的前提。如果你能建立起这些良好的饮食习惯，你将受益无穷。

（二）坚持运动的习惯

运动不仅能促进全身血液循环，提高心肺功能，增强人体免疫力，还能促使人体分泌"脑内吗啡"。"脑内吗啡"被科学家称为"快乐素"，因为它能使人产生愉悦的感觉，促进人的心理健康，并且活跃大脑细胞、增强生理机能。还可以缓解心理焦虑和紧张程度，使人产生运动流畅体验，强化人的自信心和自尊心的心态体验。

（三）良好的睡眠习惯

早睡并且保持 6~8 小时的充足睡眠。高质量的睡眠，会让人的压力应对能力有效增强。

（四）深呼吸

步骤：吸气，将气息吸入到腹部，然后吸入到胸部，感受大量的新鲜氧气和能量充盈身体，想象着自己身体的细胞更加美好。呼气，缓慢放松胸部，然后放松腹部，最后可有意识地收束腹部，将所有的压力通通排出体外。重复 5 分钟。

（五）培养兴趣爱好

如看书、旅游、养鱼等。做自己感兴趣和爱好之事，能让人更加投入，并且从中找到莫大的乐趣和满足。可以转移对负面情绪的注意力，排解压力，获得快乐和成就感。

（六）冥想

经临床试验，冥想是治疗内科疾病的有效方法。通过冥想，可以调节右半脑和左半脑之间的平衡，从而增强人体的免疫能力，保证身体健康。此外，冥想还可以控制血压，疏通血液循环，减轻病痛，缓解肌肉的紧张，减少荷尔蒙的分泌。想的内容以图像和情景为主，冥想内容都是令人愉快的，效果也是愉悦的，是缓解压力的好方法。

（七）自我暗示

自我暗示是一种思维方式，是对人的潜意识进行干预，以引发个体自我成长的潜能。积极的自我暗示可以让人们感受到生活的快乐，调动起情绪和意志，以积极健康的精神状态面对生活中的种种困难，逐步树立起对工作、生活和未来的信心。

（八）渐进式放松法

渐进式放松法又叫神经肌肉放松法，因为神经控制肌肉的收缩，又称为周克逊氏放松法（因为此法是由周克逊所创）。这种放松法通常是先从身体的上半部分的肌肉开始，当某一个部位的肌肉放松后，再进行下一个部位的肌肉放松。一个个依序进行，渐渐地使全身的肌肉都放松下来。

（九）幽默的习惯

心理学研究证明，幽默作为一种心理防卫机制，能使处于沮丧困苦中的人放松紧张的心理，降低心理压力，缓和内心冲突，排除内心的抑郁，解放被压抑的情绪，调节和保持心理健康。善于幽默、富于幽默感的人，通常更容易在困难、挫折和不幸中保持心理的平衡，并且给他人以鼓舞，因此他们也总是受到人们的喜爱。另外，还可通过看喜剧电影、看笑话等方式疏解压力，同时，还可培养幽默感。

（十）音乐

曾有专家观察到并证实，音乐对人的情绪、新陈代谢、能量、血压、呼吸及脉搏都能产生积极的影响。原来，人体细胞总是在不停地微微振动，健康时，全身的细胞微振都很和谐，就像许多歌者在一起欢快地大合唱。而音乐，则是一种声波振动，这种振动如果和细胞同时产生共振，那就像声波在轻轻地按摩着细胞，人自然而然产生了一种微妙的快感。在心理层面上，美妙的音乐能够激发我们内心最深沉而优美的情感，平衡既满足了人的情感需求，同时也转移了人的负面注意力。

（十一）善于倾诉

向亲人、朋友诉说可以帮助我们卸下心理负担。倾诉和自我表达是减小压力的途径，能避免压力压抑你的情绪。倾诉时需要披露与问题有关的连贯的故事。倾诉创造了从更积极的方面重构故事的机会，鼓励你采取行动，从而控制压力。在应对紧张事件时，减轻压力，积极地重新评价，能够减少心率和血压的被动。

（十二）日行一善

当你帮助别人的同时，自己也会得到成就感、满足感和愉悦感。再者，你会受到赞扬，会得到尊敬，自己的心情也会高兴起来，心情好了，精神好了，身体也就更健康了。

有心理弹性，就有了抗压的缓冲地带

（一）什么是心理弹性

在过去相当长的一段时间里，有关青少年的研究都遵循回溯式的研究模式，即在出现问题后，从青少年以往的成长经历中寻找可能导致其行为或心理出现偏差的因素，包括来自家庭、学校、同伴等与自己日常生活密切关联的几方面。由于这种研究的对象常常是那些有行为问题的青少年，因此人们会形成这样一种认知偏差：危险的环境或消极的经历一定会导致负面的发展结果。也就是说，那些生活在不良家庭和社会环境下的青少年出现行为问题或心理问题是一种必然。而事实上，压力和逆境对青少年发展的消极影响是存在个体差异的。这种个体对外界变化了的环境的心理及行为上的不同反应状态被定义为"心理弹性"。

心理弹性，亦称为"心理韧性"。这个概念的提出，最早是受到物理学中弹性概念的启发，即"材料或物体有一种随外力作用而发生变形，并随外力作用去除变形消失的特性"。

目前学术界关于心理弹性的概念是很宽泛的，大致可以总结为以下三种观点：

观点一：强调心理弹性的结果是朝向积极、正向的目标，克服困境、恢复良好使用的功能或行为结果，这些结果表现出比原先预期还要良好的功能或行为结果，即结果性定义。

观点二：强调应注意各种积极因素的影响，即品质性定义。大多数研究者将心理弹性看做是个人的一种能力或品质，是个体所具有的特征。

观点三：强调关注个体如何应对压力和逆境的过程，即过程性定义。朱森楠教授对心理弹性的界定是具有代表性的，他认为："心理弹性是个体面对内外压力困境时，激发内在潜在认知、能力或心理特质，运用内外资源积极修补、调适机制的过程，以获取朝向正向目标的能力、历程或结果。"

综合上述各种定义，我们可以发现，心理弹性这一理论主要有两个核心要素：第一，个体面临重大威胁或严重困境；第二，尽管这些威胁或逆境对个体发展有重要影响，个体仍能保持适应良好。正是这两个要素构成了心理弹性概念的本质。

（二）心理弹性的差异

造成心理弹性差别的原因既有个体自身的差异，也受到环境和教育的影响。

1. 个体差异

（1）认知水平

个体对自己主客观现状的识别、判断、评价和计划会通过主体的加工和处理，形成面对特定状况的决策和应对措施。此外，社会支持也是个体面对困境的重要应对资源，认知水平对个体感知社会支持的能力有着重要影响。

（2）计划能力

以独立性、对自己智力的有效运用、自尊以及对别人的积极反应能力等作为评估计划能力的指标，结果发现，计划能力与高等教育经历、高职位及低婚姻失败率显著相关。

（3）情绪状态

情绪作为一种态度体验会影响到个体的活动方向和行为结果。积极的情绪状态会让个体面对挫折时保持良好的心境，增强战胜困难的信心，加强个体对自我及周围世界的控制感，并且有益于形成正确的自我价值。

（4）个体的积极经历

早期的成功经验可以提高个体以后应对复杂环境的能力。但鲁特等认为，可以克服危险性因素或者对危险性因素造成的损害进行弥补的积极经历才会提高个体的心理弹性水平，而十分漫长或短暂的积极经历一般不会促进心理弹性的产生。

2. 生活环境

（1）家庭子系统

家庭环境是对个体心理发展影响最直接、最持久的环境因素。大量研究表明，家庭的居住状况、经济条件、父母关系、教养方式、亲子关系对青少年的身心健康成长至关重要。家庭不和、亲子冲突不断、教养方式不当等都可能会诱发青少年的不良行为及心理危险。有研究者发现，有心理弹性的女孩多出自强调独立性和避免过度保护的家庭，而男孩多出自有规矩的、父母监控程度高的、注重情绪表达的家庭。在幼年和童年时期与监护人分离或失去监护人，会导致男性更大的脆弱性；而对女性来说，青少年时期与父母或同伴长期关系不和会导致成年的适应问题。

（2）其他社会子系统

在青少年的心理发展过程中，除家庭外，来自学校、同伴、社区和媒体等方面的作用也值得我们关注。学校的规模、教师素质、同伴关系、社区资源的数量和质量以及媒体文化等都可能会影响到个体的心理弹性。

（三）增强心理弹性的途径

综合相关研究，心理弹性差异容易出现以下反应：孤独无援，消极悲观，对自己缺乏信心；不善于向同学、朋友、老师和家人等寻求社会支持；习惯用"应该""最好""必须""绝对""总是"来描述自己的失败；缺乏人际洞察力和有效表达；缺乏有意义的生活体验；否定自己的能力；缺乏自我价值感；缺乏社会适应的技巧；缺乏积极进取的态度。显然，心理弹性的强弱深刻地影响到了青少年的幸福感和成功概率。

如今，心理弹性研究已得到普遍重视，研究者们已经将关注的重点从消极发展后果（如危险性行为）转向不利条件下儿童如何成功应对。

通过对各项研究，现总结出增强心理弹性的 10 个途径。

1. 收集信息

心理学家亚伯拉罕·马斯洛曾经说过，你不了解的事物控制着你，而知识则会带来选择和控制。当人们知道自己所面对的敌人是什么的时候，绝大多数人就能够更好地应对逆境。

2. 形成一种个人的控制感

要管理压力并在生活中取得成功，控制感是最为重要的因素之一。永远不要忘记，你的成功开始于你，也结束于你。想要成功，就要定义成功、追求成功。你成功或者失败，只有你自己才能对你的生活变成什么样承担个人责任。

3. 建立自尊

自尊是心理弹性的一块基石。哈佛大学的一项持续 50 年之久的研究，揭示出了关于自尊的一些令人震惊的事实：不管青少年的智力、家庭收入、民族背景如何以及接受了多少正式教育，与那些儿童及少年时期没有从事过任何工作的人相比，那些在儿童及少年时期从事过某项工作的人，即使只是做了一些简单的家务杂事，他们的生活会更为幸福，也会拥有更丰富的人生。这一结果不难理解。负责这项研究的医学博士、精神病学家乔治·瓦利特指出："在家庭或社区参加过某种工作的男孩获得了一种能力，并感到他们是社会中有价值的成员。他们自己对自己感觉良好，而其他人也觉得他们不错。"那些感受非常好的成人，在孩提时代就开始为自己承担责任。孩子们从事了一项工作，他们就相信自己能干好工作，他们相信自己。孩子生活中的重要人物对孩子的自尊感有很大的影响，特别是父母、朋友、祖父母、老师和教练。如果我们所听到的父母的声音是积极的，我们的内心声音很有可能也是积极的，自尊也会更强。如果听到的声音是严厉并且消极的，很有可能我们也会以一种惩罚性的方式对我们自己说话，自尊就会低落。

4. 保持一个健康的愉快中枢

愉快中枢可以对几种神经递质，特别是多巴胺作出反应。当多巴胺水平低的时候（比如帕金森氏症），抑郁症和低动机的发生率就会增高，并且患者更难感受到愉悦。因此，我们应当努力保持愉快中枢的健康，以下是一些简单的指导。

（1）治疗任何干扰愉快中枢功能的疾病，比如抑郁症等。

（2）约束经常性的刺激性活动，比如赌博、购物、浏览黄色信息、使用互联网、观看恐怖电影以及进行高度危险性的活动。

（3）坚持锻炼，特别是从事你所热爱的运动，比如跳舞或跑步等。

（4）花时间去笑。因为幽默可以增强愉快中枢的活动但却不会使其耗竭。

（5）从事有意义的活动或拥有有意义的兴趣爱好，比如从事你所热爱的志愿者活动等。

5. 清理过往的创伤

未经化解的过往创伤往往会使我们在未来的压力源面前更加脆弱。思想纠缠于不能忘怀的记忆，使我们对任何有可能让我们想起的从前的经历都很敏感，并使我们丧失心理弹性。

6. 面对恐惧

面对你的恐惧，是心理弹性训练的一个关键组成部分。当你面对你的恐惧时，你有可能在你的大脑中建立新的联系。当你逃避你的恐惧时，它们就开始控制你。用简单的话来说就是，从哪里摔倒就从哪里爬起来。

7. 增强应对逆境的能力

失败不会要了你的命，它是学习和成长的一部分，不去争取成功才是致命的。我们都不是生而知之，而是学而知之。通过学习过程和观察我们在路上所犯的错误，我们才能得到成长和成功。

8. 利用积极情绪，特别是大笑

越来越多的科学文献表明，积极情绪，特别是大笑，能够抵消压力特别是有助于提高心理弹性。如观看喜剧片，去相声俱乐部，看笑话书，或和你的朋友们一起讲笑话。

9. 依靠道德指引

在一个具有高度功能性的社会中，道德感是必需的。在观察大脑时，很容易就会发现，道德是以大脑为基础的。当前额叶皮层被损坏以后，有些人就会出现反社会倾向。关心他人就是将一个人的道德信念转化为行动。利他主义能够强有力地增强心理弹性。

10. 培养社会支持

在应对压力和创伤的过程中，人际关系起到了至关重要的作用。心脏病专家丁·欧尼什在其奇妙的著作《爱与生存》中详尽列举了拥有亲密人际关系的诸多好处。欧尼什医生列举了多项研究来说明，那些感觉到亲密、有联结、被爱和被支持的人有自杀倾向或患上抑郁症、焦虑症、心脏病、各种传染病、高血压以及癌症的概率较小。

与抗压能力相关的一些个性

（一）现实态度

一个具有高抗压能力的人会勇敢地面对现实生活，不管是愉快还是痛苦。比如，一个人喜欢开车，他能意识到开车的种种危险，所以，经常检查各种部件，以免发生意外，这就是一种正常心理。

有现实态度的人通常会有以下表现：①平时制定有效目标，真正做到有备无患。②向目标出发前，校准我们的"指南针"，该往哪儿走，胸中有数，因此不会掉进坑里，也不会迷路。③晴天带伞，未雨绸缪。④平时三思而后行，谋定再后动。⑤做有一定胜算的事，平时不做没有把握的事。⑥由于有充沛的准备在前，于是也就做到了机智的应变在后。⑦再大的问题都会勇敢面对，相信自己只有鼓起勇气努力完善，所有的问题都能得到有效解决。

（二）具有独立意识

抗压能力强的人办事比较理智、稳重，并能适当接纳别人的意见。对于他自己的事情，能做出决定并勇于承担由自己行为带来的后果。有的父母会对孩子过分溺爱，帮孩子包办一切大大小小的事务，这样的溺爱所引起的负面影响是很大的，它会让孩子只顾自己玩耍，不去学习和做任何事情，从而失去独立意识并形成强烈的依赖感。如果在孩子长大后还是一如既往地替他做事情，会导致孩子这不愿学，那不会做，让孩子觉得自己样样不如别人，甚至产生自卑感，这样的孩子将来是不能适应社会的。

（三）善于借力

认识到一个人的能力是有限的，需要别人帮助，在学业上需要他人的指导、支持和协助，在生活上需要友谊和爱情，只有学会借力，才能成为一个成熟的、适应性强的人。

（四）爱别人的能力

一个抗压能力强的人具有爱心，富有同情心，能够从爱自己的家人、朋友中得到生活的乐趣。他从不吝啬对他们的付出，并且能享受到爱的幸福和快乐。

（五）能控制住自己的情绪

一个情绪管理的高手，不但懂得转苦为乐、转烦恼为菩提、转压力为助力、转悲伤为自在，还懂得转严肃为轻松、转刻板为幽默，先处理心情，再处理事情，最后不仅收获了过程的快乐，也会得到更可喜的结果。

控制、激励自身情绪的能力就是对那些具有破坏性的感情冲动进行控制和纠正的能力。提高这种能力要做到两点：一是自我控制不安定的情绪或冲动，在压力面前保持清醒的头脑，通过自我约束，克制冲动和延迟满足，这是获得成就的保证；二是通过自我鞭策，保持对学习和工作的高度热忱，并且能清晰地理解自己的行为将影响他人。

这样的人善于控制、激励自身情绪，对自己的感情、优势、劣势、需求、动机和目标有着深入的了解，注意力不因外界或自身情绪的干扰而迷失，具有在情绪干扰中保持中立自省的能力。生活也会更有效率，更容易获得满足，更能运用自己的智能获取丰硕成果。反之，不能驾驭自己情感的人，内心激烈的冲突削弱了他们本应集中于学习和工作的实际能力和思考能力。因此，只有能够成熟地调控自己情绪的人，才能走向成功。

（六）能做好长期计划

长期计划是一个人动力的源泉，拥有了长期计划才会拥有更大的前进动力，更能抵御压力。毛泽东在读书时，就立下了"改造中国与世界"的宏愿；周恩来在少年时代，就立下了"为中华之崛起而读书"的远大志向。这些伟人正是立下了远大的目标，做好了长期计划，才获得了最终的辉煌成就。做好长期计划也就是为将来做好了打算，可以让人清晰地权衡利弊得失，做出明智的选择。

（七）能宽容别人

如果说人生是一座桥，那么宽容就是桥墩，支撑起人生。俄国作家斯宾诺莎曾说过："人心不是靠武力来征服，而是靠爱和宽容来征服。"

在这个大社会中，人与人之间需要沟通、交流和接触。有接触就会产生矛盾。因为有了宽容，人与人之间才能够和谐相处，这个社会才会变得更加融洽。

宽容是涵养，是理解，是关心体谅；宽容是给予，是奉献，是谦让尊重。宽容的人能够主动地宽容别人，而不是对别人的过失或错误耿耿于怀。他能站在对方的角度思考问题，而不是心胸狭窄，嫉妒心强，为人刻薄。

俗话说："世界上最宽广的是海洋，比海洋更宽广的是天空，比天空更宽广的是人的胸怀。"只要时时都保持这种心态，还有什么矛盾化解不了呢？

但是，宽容并不是宽容每一个人、每一件事，它是有原则的。

对于别人无意的过错，在不违反原则的前提下，宽容就是丝丝春雨，能融化坚固的冰层，敲醒沉睡的爱心；宽容就是萧萧秋风，能吹散自卑的阴云，也能唤醒迷失的良知。对于违反原则的言行，宽容就是滔滔洪水，能毁坏人们的家园，造成严重的后果；宽容就是迁就放纵，会给别人带去伤悲，也给自己带来麻烦。

其实宽容别人，就是善待自己，悦纳自己。怨恨只能让我们生活在黑暗之中；而宽容，却能让我们的心灵获得自由，获得解放。何乐而不为呢？

（八）善于休息

学习、劳动的时间一长，人就会疲劳。青少年们由于身体发育还没有完全成熟，做事的力量当然要比成人差，身体的调节力量也弱。因此，年纪越小，越容易有劳累的感觉；中年人，这种感觉就少。不过青少年累了，休息休息，体力很快会恢复过来；中年人就不如青少年恢复得快。所以青少年做事，休息次数最好多几次，才合乎身体的客观规律。

（九）能主动地学习知识和培养情趣

抗压能力强的人具有积极上进的心态，能主动地学习各种知识和技能。同时，也注意培养自己的兴趣和爱好，因此，精神上有更多的支撑和寄托，会更加自信、更加坚强。

使自己的个性绝对成熟和完善是不现实的，每个人在性格上或多或少都有一些缺点，但可以根据自身情况纠正。随着自我超越，你的抗压能力也会越来越强，只有具有健全的个性，你才能较快、较好地融入社会中，才能为自己赢得一片天空。

心理品质是一个人抗压能力的晴雨表

人生本没有天生的弱者，只是有些人自认为是弱者而不断想象着外界对自身的巨大压力与摧残。因为在自己的内心肯定了自己是弱者，现实中的自己也就变得软弱无能。弱者的主人是自己苟且的心，它受自己心灵的支配，用假想的外力来压抑自己，所以弱者常常被生活的苦难所吞噬。

在波澜起伏的现实生活中，挣脱苦难去战胜挫折最为重要的是什么？如果要用最简要的话来概括，那就是"磨炼心理品质"。

当我们具有良好的心理品质，就会生活在自由的王国里，成为自己命运的主人。任何变化和束缚，任何贬损和磨难，都奈何不了我们，无论多大的压力，我们都能将它转化为成长中不可或缺的营养。心理品质的高低就是一个人抗压能力的晴雨表。心理品质高的人，天空总是晴朗明亮的；心理品质低的人，天空总是黯淡无光的。

心理品质的内涵主要包括以下几个方面：

（一）自觉的心理品质

指一个人在行动中有明确的目的性，并充分认识到行动的社会意义，使自己的行动服从于社会要求。一个自觉性强的人，能主动确定行动的目标，有步骤地组织自己的行动以实现预期目的。即使在遇到巨大压力或者障碍、危险的情况下，也不会盲目从事，而是从容不迫，自我调节，努力克服一切不利因素。而且这种人的目的总是和社会的目的融合在一起，一切为实现具有社会意义的目的服务。因此，他们最能获得社会和他人的认可，最有可能获得较大的成功。

与心理品质自觉性相反的品质是心理品质的动摇性和独断性。动摇性是指一个人没有以正确的认识为基础，也没有真正意识到自己行动的真正意义，没有主见极易轻信别人，易受到外界情势的影响而改变自己的目标，改变自己原来的观点和信念。生活中的失败者，皆因信念上的摇摆不定，行动上的朝秦暮楚所致。独断性是动摇性的另一个极端，是指一个人经常毫无理由地拒绝考虑别人的任何劝告，顽固地拒绝接受别人的任何意见，或者不顾现实情况的变化，一意孤行、独断专行。固执己见者在生活中往往到处碰壁，做不成一件像样的事。

（二）果断的心理品质

指一个人善于明辨是非，适时采取决定并执行决定。所谓适时，即指在需要立即行动时，当机立断，毫不犹豫。但在不需要立即行动或情况发生改变时，又能立即停止执行或改变已做出的决定。具有果断性品质的人，既有智慧，又有敏捷性，能够对行动的目的、达到的方法、控制事物的发展程度做到科学有把握。但在压力重重和复杂多变的情况下，并非每个人都能表现出高水平的果断性。果断性必须以正确的认识为前提，以大胆勇敢和深思熟虑为条件，是在高尚的道德品质支配下敢于负责的表现。

心理品质的果断性是不能与草率从事的行为混为一谈的。草率从事的特点是懒于思考，敷衍从事，得过且过，不考虑主客观条件，也不考虑后果的轻举妄动。草率从事是心理品质低的表现。其结果常常导致所做的事情没有条理，杂乱无章。与心理品质果断性相反的品质是优柔寡断。优柔寡断的人常常思想、情感飘忽不定，他们没有中心思想，缺乏自信心，不能把思想、情感引入明确的轨道。在各种动机、不同的目的、手段之间游移不定，迟迟做不出取舍。由于患得患失，踌躇不前，常常怀疑所做决定的正确性，担心实行决定后的后果，或者做出决定后又不能坚决执行，始终为找不到妥妥帖帖、尽善尽美的理想方式而苦恼不已。

（三）坚忍的心理品质

指在做一件事时能够长时间地保持充沛的精力和顽强的毅力，并为实现既定的目的而表现出不达目的不罢休的坚定性。充沛的精力能够保证为实现某一既定目的而全神贯注；顽强的毅力在于善于抵御不符合行动目的的主客观诱因的干扰，做到面临纷扰、面对压力，不为所动，善于长久地坚持自己已开始的符合目的的行动，能够锲而不舍，有始有终。

我们要把心理品质的坚忍性与顽固执拗的品质区别开来。顽固执拗，是明知自己不对，也不服从理智的支配，固执己见，一意孤行的行为表现。这种人有时给人以错觉，好像很顽强，其实他们只承认自己的想法与主意，只承认自己掌握的论据，把并非正确的东西当做真理坚持着，并以此作为自己行动的依据。

不去比较自己提出的意见和论据是否正确和合乎道理的行为，不是心理品质坚强的表现，而是主观主义顽固性的表现。与坚忍性相反的品质是"见异思迁"，具有这种品质的人常表现出较差的抑制力，遇到困难不能长期地控制自己的行动，而是容易放弃或改变自己的决定，其结果常常使自己所从事的工作虎头蛇尾，半途而废。

（四）自制的心理品质

即自我控制能力，它是为达到预定目的而自觉控制和调解自身行为和心理状态的能力。自制性表现在两方面：其一，善于促使自己去执行已经采取的决定，并能战胜与执行与此决定相对抗的一切因素。其二，善于克服盲目的冲动和消极的情绪。马卡连柯说："坚强的意志——这不但是想什么就获得什么的那种本事，也是迫使自己在必要时抛弃什么的那种本事。没有制动器就不可能有汽车，而没有克制也就不可能有任何意志。"因此，生活中具有自制性的人，其组织性、纪律性特别强，情绪稳定，注意力集中，做事认真，有始有终。

冲动、任性是自制力差的表现，既不善于控制自己的情绪，又不能自觉地调节自己的行动。

（五）主动的心理品质

能按照自己的意图所表现出来的积极思索、锐意创新和独立自主的精神。这种自主精神还表现为参与意识重，期望自立心切，以及求新求美，向往热烈的生活；反对包办代替，厌恶呆板的生活模式等。自主精神是青少年排除压力、困扰和障碍，自觉地进行自我修养、自我教育的重要推动力。

（六）开创的心理品质

是指在行动的过程中能用新方法，做出新成绩，不受陈规所囿。思想上喜作横向比较，追求新知，崇尚真理，不满足于现状，不惧怕竞争的精神，以及在纷繁的社会生活中，具有善于发现问题、独立解决问题以至创新的能力；在操作实验的社会实践中思维敏捷、触类旁通、匠心独运、胜人一筹。

诸多的心理品质互相联系，互为补充，相辅相成。它们作为人的情绪、心灵的品质的稳定性的决定性条件而表现着，使之克服消极影响的巨大压力，在困难条件下保持活动的效率。有了这些心理品质，人们才有了奋进的根基，才能在对历史的反思、对未来的畅想以及对现实的审视中，不断调整自己的位置，以适应社会发展的需要。有了这些心理品质，人的主体力量才会在最大限度上充分发挥，达到对自然本能高度超越的境界，进而从客观现实的羁绊中解放出来，从虚幻、无聊、茫然、怅惘的压力危机中解脱出来，尽情而又合理地进行超越自我的升华。

抗压能力低的人成不了领袖

据统计，美国每年有 3000 亿美元的损失是由压力造成的，欧盟每年也因工作压力太大而丧失 20% 的劳动力。我们国家，每年有近 45% 的人觉得压力较大，21% 的人觉得压力很大，3% 的人觉得压力极大，濒临崩溃。那些认为自己压力极大的人，身心健康水平通常是最差的，心力衰竭也最严重。

出现这种状况，除了现代社会生活节奏加快、竞争加剧等客观因素外，关键还在于大部分人缺乏有关抗压、减压的知识。

英国健康专家凯洛涂金顿说，人类一直生活在两种压力中：一是对躯体的物理压力，如大气压、地心吸引力、心脏压力等，这些压力维持生命形式；二是内在精神压力，如生存竞争的压力、对危险与死亡的恐惧、人际压力、情绪与情感的压力等，这些压力保持人的警觉（清醒状态）和合适的行为模式。压力与生命相连，只要活着就有压力。适当的压力可以促人奋进，但过大的压力绝对会导致人的精神和身体上的双重疲惫。因而，减压不如抗压。抗压，不是简单地与压力对抗，而是要对压力进行管理和控制，缓解或分散压力，增强自己的抗压能力。

　　一件事对人造成的压力有多大，是由人的心理抗压能力决定的。同样的事情，抗压能力强的人，会感到压力较低，抗压能力弱的人，会感到压力很大。心理抗压能力反映了一个人的心理弹性——抗压能力低的人是成不了领袖的。

　　当今社会，独生子女越来越多，人们的生活水平显著提高，于是许多孩子生活在衣来伸手、饭来张口的环境中。当他们在学习、生活或交往中遇到一些困难或压力时，往往会不知所措，缺乏战胜困难的信心和勇气。这样的孩子在现代社会中毫无竞争力，只会遭遇重重的失败。

　　他是一个10岁的孩子，出生于普通的家庭。父母为了这个家辛勤地工作，期望他能考上好的中学，将来考上好的大学，找一个理想的工作，过上幸福的生活。上五年级的时候，有一次他不小心将同学桌上的手表碰到了地上摔坏了。那个同学让他赔100元钱，这让他感到非常为难。因为他拿不出100元钱，他又不敢告诉父母这件事，害怕父母知道此事后会很生气。于是他便用逃学的方式逃避……

　　100元钱的事情，竟然使这个孩子放弃上课，为的就是逃避那个同学，不惜瞒着父母，为的就是不让父母生气。这与没有足够的抗压能力有很大的关系。如果一个孩子抗压能力低，那么他就不敢直面困难和委屈，很可能产生逃避现实的念头，更别提面对成为领袖的诸多困难了。

　　近年来，孩子离家出走的现象屡见不鲜。那些微不足道的问题，为什么能把孩子推向如此境地？孩子的心理承受能力之差不得不引起父母的警醒。专家建言，有好的抗压能力，才能勇敢地面对压力、困难和挫折。而强大的抗压能力不是先天就有的，而必须从小培养。

那么，在孩子的成长过程中，父母应该怎样培养和提升孩子的抗压能力呢？

（一）树立明确的是非观

孩子在成长的过程中会遇到各种各样的事，各种各样的人，社会是很复杂的，我们给不了孩子一个简单的模式，我们也不可能给孩子解释所有的事情。但我们必须给孩子一个明确的是非观。当孩子具备了这一点，也就增强了自信，提高了自己的心理承受力。

（二）教育孩子学会面对挫折和抵抗压力

父母要用冷静的态度协助孩子分析自己的处境，而不是用情绪化的字眼指责孩子经不起挫折。再给孩子适当的鼓励，帮助孩子认识自己的长处，建立自信，以此提高孩子的抗压能力。

（三）适当地让孩子自己面对压力

如果孩子遇到一点儿压力就被父母接管，他们自然难以提升自己的抗压能力。

（四）期望不要过高

如果父母对孩子的期望太高，当孩子屡次努力都达不到要求时，也会刺激他们自我放弃，进而失去抗压的能力。

（五）以"啦啦队"的角色出现

当孩子在压力面前退缩时，父母要给孩子摇旗呐喊；当孩子成功战胜挫折和困难时，父母要给孩子鼓励和肯定。这样才能不断激励孩子战胜困难，继而提升孩子的抗压能力。

（六）让孩子承受得起误解

让孩子拥有良好的心理承受能力，就要培养孩子勇于面对他人的误解。当孩子被人冤枉时，能坦然处之，而不会因为受误解的影响而感到烦恼、痛苦。

（七）让孩子从失败中站起来

当孩子遇到一些失败和挫折时，应该告诉孩子困难和挫折都会过去。也许对成人来说这些话算不了什么，但对孩子来说却非常重要。孩子还小，缺乏生活经验，当遇到不能逾越的困难时，就以为一切都完了，在他们的想法里，一次失败就可以毁掉一切。我们要做的就是让孩子在艰苦的环境中，磨砺出坚强的意志，让孩子学会在黑暗中看到光明，培养他们耐挫的能力和受挫后的恢复能力。这样，他们才能在困难和挫折面前泰然处之，保持乐观的心态。

（八）建立科学的信仰

这一点是最有效、最重要的一点。罗曼·罗兰说："整个人生是一幕信仰之剧。没有信仰，生命顿时就毁灭了。坚强的灵魂在驱使时间的大地上前进，就像石头在湖上漂流一样，没有信仰的人就会下沉。"信仰作为人类思想的灵魂和心灵秩序中的先验结构，决定着一切的有无和成败。信仰能给人以慰藉、安慰，使人恢复心理的健康、精神的和谐、心态的平衡。作为精神动能和精神支柱，信仰可以丰富精神生活，提升精神境界，并且提供给人一种精神保健或精神治疗的良好方法，使人战胜精神恐惧，获得更高的灵性和悟性，让人对于自我实现的众多问题豁然开朗。并且开启潜能，开悟智慧，让人更懂得怎样去管理和发展好人生。

抗压能力是区分成为领袖还是成为弱者的试金石，是领袖必须具备的一项重要能力。在竞争激烈的环境中，仅仅让孩子学到书本知识是不够的，更重要的是让他们有一个健康的心理。只有抗压能力强的孩子，将来才可能成为一个独立性强、有毅力、不畏艰难的领袖。

第六章

智略：运筹帷幄，轻松制胜

拜师学艺是成为领袖的"快捷键"

孔门弟子三千，贤者七十二人。德行方面有颜渊、闵子骞、冉伯牛、仲公。政治方面有冉有、季路。言语方面有宰我、子贡。文学方面有子游、子夏。颜渊、冉有、宰我、子游等如果没有拜孔子为师，则很难成为各行业内独当一面的领袖级人物。"人非生而知之者，孰能无惑？惑而不从师，其为惑也，终不解矣。""古之学者必有师。师者，所以传道、授业、解惑也。"如果没有老师传道、授业、解惑，其惑终不解。

"程门立雪"这个成语家喻户晓。它出自宋代著名理学家将乐县人杨时求学的故事。杨时从小就聪明伶俐，四岁入村学，七岁就能写诗，八岁就能作赋，人称"神童"。他十五岁时攻读经史，熙宁九年登进士榜。他一生立志著书立说，曾在许多地方讲学，备受欢迎。居家时，长期在含云寺和龟山书院，潜心攻读，写作教学。有一年，杨时赴浏阳县令途中，不辞劳苦，绕道洛阳，拜师程颐，以求学问上进一步深造。有一天，杨时与他的学友游酢，因对某问题有不同看法，为了求得一个正确答案，他俩一起去老师家请教。时值隆冬，天寒地冻，浓云密布。他们行至半途，朔风凛凛，瑞雪霏霏，冷飕飕的寒风肆无忌惮地灌进他们的领口。他们把衣服裹得紧紧的，匆匆赶路。来到程颐家时，适逢先生坐在炉旁打坐养神。杨时二人不敢惊动打扰老师，就恭恭敬敬侍立在门外，等候先生醒来。这时，远山如玉簇，树林如银妆，房屋也披上了洁白的素装。杨时的一只脚冻僵了，冷得发抖，但依然恭敬侍立。过了良久，程颐一觉醒来，从窗口发现侍立在风雪中的杨时，只见他通身披雪，脚下的积雪已一尺多厚了，赶忙起身迎他俩进屋。后来，杨时学得程颐的真谛，东南学者推杨时为"程学正宗"，世称"龟山先生"。

　　杨时之所以被学者推为"程学正宗"，与他孜孜不倦、尊师重道、拜著名教育家程颐为师密不可分。如果没有程颐的指点，杨时也不可能得程学真传而成为"程学正宗"。下面的故事主人公家喻户晓，非常有喜感。他的经历也充分说明了拜师学艺的重要性。

　　"小沈阳"原名沈鹤，1981 年出生于辽宁省铁岭市开原一个贫苦的农民家庭。艰苦的家庭条件并没有阻挡他对艺术的向往，上学期间他就积极参加学校、县里组织的各项文艺活动，表现出超人的艺术天赋。

　　高中毕业以后，他进入铁岭县艺术团学习二人转表演。2000 年，他进入吉林林越艺术团。同年，他遇到了自己的搭档，也是后来的妻子沈春阳，沈鹤就把自己的名字改成"小沈阳"，以和妻名。2001 年，他参加了第一届"本山杯"二人转大赛获得了铜奖。也正是在那一年，他走进了赵本山的视线。

　　2006 年，小沈阳正式拜师，成为赵本山的第 25 位弟子。拜师时，赵本山说了一句话："好好干，犯错误收拾你。"通过老师的悉心教导和自己的刻苦努力，小沈阳在"刘老根大舞台"开始大力弘扬"绿色二人转"。经常男扮女装的他，也越来越受大家的追捧。

　　对于小沈阳的能力，赵本山十分欣赏："小沈阳表演很有特色，他其貌不扬，却身怀绝技。他的演唱、说口都是一流的。尤其是他的模仿功夫。

我从他身上看到了自己年轻时艰苦学艺的影子。"

从1999年登台正式演出算起，小沈阳已从艺10年。2007年12月，他初次登上央视舞台，在电视剧群英汇晚会中表演了《我要当明星》片段，获得满堂彩；2008年1月凭借《我要当明星》参加央视春晚的审查，他惟妙惟肖地模仿了刀郎、刘德华、张雨生、阿杜、阿宝的演唱，技惊四座，最终却被淘汰；在《乡村爱情2》中，小沈阳客串实习医生王天来，特别出彩；2009年1月25日终于参加央视春节联欢晚会。

回想起这些经历，小沈阳说，自己的艺术道路走得比较曲折。"上不上春晚，我都得好好演戏。能参加春晚节目审查，我就老感动了，能走进中央电视台，我这辈子二人转算没白唱。"

小沈阳对未来的想法也很简单，"没有师父，就没有我今天的成绩。为了我们，他甘当配角，做徒弟的特别感动。我没文化，农村人，没上多少年学，一切听师父的呗。"

小沈阳的成功和赵本山密不可分。如果没有赵本山，也不可能有小沈阳的今天。拜师学艺，先是拜名师，然后还要结合自己的主观努力。如果没有小沈阳的刻苦努力，赵本山再提携也不会有今天的成绩。

我国古代大教育家孔子，在封建社会里被奉为"至圣"。然而他的弟子宰予，懒惰成性，昼夜贪睡，整日昏昏沉沉，以至后世留下了"昼寝宰予"这样的成语。宰予这样的人即使拜孔子为师，也成不了大器。同样，三国著名政治家诸葛亮，有"卧龙先生"的美誉。可是蜀国后君刘禅，他也是诸葛亮的徒弟，诸葛亮一心想把他培养成明君。可是刘禅主观不努力，最后做了亡国之君，后人称他为"扶不起的刘阿斗"。

　　这样的事例还有很多，这些事例都说明了一个道理：教师在整个学习过程中起了传道、授业、解惑的作用，而学好学不好只有看学生自己的努力程度。有时"名师"还需要"贤徒"，只靠老师一个人努力是没有用的。现在有些家长，到处访名师，想把自己的子女教好。我想，在找"名师"之前，必须先问问子女想不想学，要不要学。如果把希望全寄托在老师身上，那就错了。我们求学的人也应该在主观上努力，配合好老师，这样才能取得好成绩。

乘势——万事俱备，会借东风

　　"势"是一种潜在的资源，要使这种潜在的资源变成现实的资源，就要乘势而上。孟子认为："虽有智慧，不如乘势。"在处事做人过程中，看准机会，乘着有利时势，抓住时机，借助于现有条件或现成的机会去达到目的，就是"会借东风"的妙用。

　　借东风有两层意思：一是指借助于他人之力而达到目的，自己创造机会；二是指借助于外物，如自然条件、金钱等物质条件，便于利用现成的机会以达到目的。在处事做人过程中，借助于现有的条件和现成的机会而一举成功，是很不费力气的事情。

　　作为青少年，借东风的方式就是寻求别人的帮助，这样学习效果自会事半功倍；如果不懂得寻求支持，往往就会陷于盲目、困惑之中。为了登上山顶，需要熟悉上山的路线，那么孩子要向谁问询登山最合适的路线呢？

当然要请教那些已经登上山顶的人。因为他们有经验，熟悉路径。成功的人自有他走向成功的路径，父母们还是赶快检查一下自己的路径和成功者的路径有哪些差距吧。

一位推销大师在年仅 23 岁的时候，就能够以演讲和个人咨询的方法，成为行业内的顶尖人物。在谈到他的成功心得时，他说："因为我在过去的几年里，见到了许许多多世界第一名的人士，是他们把成功经验分享给我，然后我把他们的成功经验使用在自己身上，所以我能够在很短的时间里获得很大的效益。在我还不懂得推销的时候，经常带着满满的产品出去，又带着满满的产品回来。后来，我见到了世界第一名的推销大师，也是吉尼斯世界纪录的保持者乔·吉拉德，我下决心跟他学习。一个月以后，我的业绩跃升为原来的 5 倍：我原来自己摸索演讲，演讲效果总不理想。当我向世界级的演说家学习后，终于明白应该怎样在台上发挥和表现自己……"

由此可见，借力是一种能帮助孩子在学习中快速提升的技巧。它的关键在于"借"字，落脚点在人。孔子说："三人行必有我师。"说的是人各有所长，各有优点，别的孩子可能整体不如我们的孩子，但某一点很突出、对某方面有心得、在某一领域有专长，孩子就完全可以向他借力。因此，孩子所要借力的人可以是父母、老师，也可以是朋友、同学。只要他们有长处，便可以学习。

在刘英豪同学的班级中，没有人能够独立应付所有学科的学习，平时遇到不懂的问题是常有的事。于是，互相请教便成了家常便饭，没有人以向他人请教为耻，大家在互相请教中成了好朋友。平时，志同道合的朋友会在一起讨论同一个话题。在遇到较多难题时，光是一个人独立思考，有时时间是不够用的，同学们常采用分工合作的方法，每人解决几题，然后告诉其他同学。这种方式对同学们的学习有很大帮助，使同学们了解了不少其他同学的新颖思路，而且事半功倍。在空闲时，同学们常找些题互相考，遇到新奇的题目也一定会挑出来共享。可以说，既充分地利用了资源，又发挥了各人的长处。正是在这样一个融洽的环境中，同学们的成绩得到了提高。这就是 2002 年浙江省高考理科状元刘英豪同学的借力经验。

他认为，学习过程中与他人的交流是十分重要的。孩子既应该在学习遇到困难的时候找老师帮忙，又应该与自己周围的同学进行讨论。孩子既应该向比自己学习好的同学请教，也应该向学习不如自己的同学学习。

为什么说学习中与他人的交流很重要呢？因为一个人的思维容易陷入习惯定式，这很容易使人"钻牛角尖"。而与他人交流、讨论、辩论，可以互相启迪心智，从多角度分析处理一个问题，这样对于培养人的思维能力是十分有好处的。试想，碰到一道数学难题，不同同学的解题思路各不相同，即使孩子能用自己的常规方法把题目做出来，但也许这种方法是最烦琐的，其他同学可能会发现更简便的做法。再比如，对于同一个作文题目，不同的同学会有不同的布局策略、不同的论点、不同的论据、不同的写作方式，如果大家能够坐下来共同讨论，那么每个人的写作能力都会有很大的提高。当然，在学习中千万不能让孩子忽视了老师这个主要的依靠力量，一名学生善于寻求老师的支持，学习效果就会事半功倍。不善于寻求支持，学习往往会陷于盲目、困惑或走弯路，事倍功半。

父母可能常常跟孩子谈到自学成才的名人、伟人。其实，这些人往往是没有办法才这样做。一旦有条件，他们就会寻求老师的帮助与支持。

华罗庚是自学成才的，其实，自学只占他一生极少的时间，即从上海辍学后到进清华大学之间的几年时间。在辍学前，中学老师王维克把他领入了数学的大门。在进入清华后，熊庆来、杨武之等教授给华罗庚提供了很大的帮助。而华罗庚成果最多的期间则是在英国做访问学者期间，这一时期他接触的名师多、著名学者多，直接接触国际数学前沿。如果没有这些条件，华罗庚很难取得这么伟大的成就。再如我们经常谈到的张海迪。她从没进过学校，是自学成才。但她在初学外语时，曾经拜过师。是老师教会了她最初的发音，学会了第一门外语——英语。万事开头难，学过外语的人都知道，掌握第一门外语是最难的。而掌握了第一门，再学第二、第三门语言，则相对简单得多。很难想象，如果没有拜师经历，张海迪后来能够掌握多门语言。有了老师的帮助、支持和指点，学习效果事半功倍，这是不容辩驳的事实。

对于大多数正确学习的孩子来说，不需要像华罗庚、张海迪那样专门寻找老师，因为孩子们身边便有精通各门功课的老师。这是最有利的条件，孩子一定要充分利用。

寻求老师支持的最好方法是问。爱问既是一种良好的学习习惯和学习方法，也是一种良好的心理素质。

2001 年北京市高考理科状元陈鑫就是一个善于借老师之力提高自己的学生，也可以这样说，他是一个问出来的状元。陈鑫同学说："我的学习方法最大的特点就是好问，从别人那里吸取知识，这是最重要的。我觉得自己努力是一个方面，但我自身努力没有别的状元大。我主要是通过别人，借他人之力来长自己之力。有时候我们老师说我'捣蛋'，因为我有时会积累 5～10 个难题，下课后跑到老师那儿去问，一直到八点，四个小时解决十道题，给我讲清楚，讲透，这方面我觉得非常好。我们整个班都属于外向型。老师和同学之间，同学和同学之间都非常融洽。这点非常重要，互相问问题，敢于问，敢于说。我在那种情况下，特别爱问问题。问题中再提一个小问题，别人回答我时，我就想到了。有时问别人是怎么做作业的，从中发现好的学习方法。有时考得比较差，我就去问老师，找出问题。"

"乘势借东风"是成大事者惯用的一种极其重要的成功手段。一个人即使是天才，也不可能是全能的。善借才能赢，所以一个人要想成就自己的事业，就必须养成既能利用自己的才智，又善于借助他人能力和才干的习惯。这样，才能使自己的实力更加强大，为最后的成功奠定基础。

认清自己的特点，策划最便捷的成为领袖之路

要想成为领袖，需要青少年先好好地认识自己。你也许解不出那样多的数学难题，或记不住如此多的外文单词，但你在处理事务方面却有着自己的专长，能为他人排难解忧，有高超的组织能力；也许你的理科差一些，但写小说、诗歌却是能手；也许你连一张椅子都画不好，但你却有一副动人的好嗓子……所以，做人先认识自己，认识自己的特点，如果能扬长避短，认准目标，就能策划出最便捷的成为领袖之路，进而结出丰硕的成果。

亨利·沃德·比彻尔说："一个人需要思考的，不是自己应该得到什么，而是自己是什么。"许多知名的企业家、作家、演员和运动员都曾经谈论过，我们的自我形象会如何影响我们所要做的每一件事情。甚至有的人说，

那是人类所有成就中最重要的单一因素。

罗曼·罗兰说："一个人一定要先认清自己，找到目标，然后才有权去选择自己要的，拒绝自己不想要的。如果不认识自己，也没有目标，而只是因为自己觉得目前所有的东西不好，就放下手里的，另外去拿一个别的，那就只是没有主见和见异思迁。像这样彷徨犹豫，结果会一事无成。"

一辈子不认清自己而做出了可悲之事的大有人在。如果不认清自己的特点，青少年往往受不得一点点挫折和打击，经常沉浸在悲观、失望、苦恼、抱怨、彷徨的情绪中，在唉声叹气、无所事事中打发时光；如果不认清自己的特点，青少年也往往会很自信地干出很多傻事，等到发现错误时，已追悔莫及。如果不认清自己的特点，就找不到自己的位置和方向，不断变换自身角色，不断放弃目标重新开始另一目标，只会白白浪费时间。

比尔·盖茨从 18 岁就知道自己要做什么，他就开始了自己的行动，而很多人也许 30 岁了还在寻找自己的位置，相比较而言，这些人迟了 10 多年的时间。

人生之路本就艰辛而曲折，而在竞争激烈的社会中，成为领袖更是困难重重。因此，认清自己的特点，也是策划出最便捷的成为领袖之路的必备基础。

《道德经》言："知人者智，自知者明。"当一个人认清自己的特点后，才能发现我们自身存在的缺陷，才能为自己制定提高的目标。人们需要不断超越自己才能走向更高的层次。我们自己身上的错误、虚伪和偏见是我们前进路上最大的敌人。认清自己的特点，才能让自己"百战不殆"；认清自己的特点，才能更好地运用自己的所有去处理好生活中的问题。

奥托·瓦拉赫是美国阿肯色州的一个小男孩，他的父母在文学上都有很高的造诣。在奥托·瓦拉赫读初中时，小瓦拉赫就深深地爱上了化学，并且成绩也是遥遥领先。但是，他的父母却认为小瓦拉赫会遗传他们的写作才华。于是，在奥托·瓦拉赫还没有读完初中时，他的父母就为他选择了专攻文学的学校，并认为这样可以给瓦拉赫以后的文学创作打下基础。可是，瓦拉赫喜欢的是化学，而不是文学，就这样，瓦拉赫渐渐对学习失去了兴趣。

一学期很快就过去了，瓦拉赫开始变得沉默寡言，再也不像从前那样开朗，成绩更是一塌糊涂，所以，老师、同学都不喜欢他。在第一次开家长会时，老师给瓦拉赫的评语是："奥托·瓦拉赫平时学习很用功，但是他过于拘泥，不爱和同学们交流。我想以他如此怪癖的性格，即使他有多么高尚、完美的品德，即使他付出十倍努力，也很难在文学这条路上有所成就。"奥托·瓦拉赫得知老师对自己的评价后，变得更加自闭了，他甚至懒得和父母交谈。奥托·瓦拉赫的父母看到瓦拉赫的情况，既担心又后悔。最后，他们只好决定先把瓦拉赫接回家。可是，奥托·瓦拉赫怎么也不答应，于是他的父母就让他改学油画。

一开始瓦拉赫还有点兴趣，但是慢慢地老师发现奥托·瓦拉赫对艺术的敏锐度远远不够——他既不会构图，又不会润色，成绩在班上也是倒数第一。老师还经常找他谈话，话题无非是说瓦拉赫不具备艺术细胞，并劝他改学其他专业，因为瓦拉赫会连累到整个班的成绩。期末时，老师给瓦拉赫的评语更加让瓦拉赫的父母大失所望，"瓦拉赫夫妇，非常遗憾，奥托·瓦拉赫在艺术方面的缺陷太多了，他根本不具备一个画家应有的素质。非常抱歉，我想你们还是让他'另谋出路'吧，他在艺术这方面恐怕难有造诣啊，还不如去选择一个适合他的专业。"因为瓦拉赫很少和父母沟通，所以他的父母根本想不到瓦拉赫喜欢的是化学。

有一次，瓦拉赫的母亲在给瓦拉赫收拾房间时，在他的柜子里发现了几本化学方面的书籍。此刻，他的父母似乎明白了什么，于是就赶到学校，打算让瓦拉赫转专业。可是，瓦拉赫成绩之差几乎全校都知道，没有人敢收这样的学生。如此"笨拙"的学生，所有的人都不看好他，就连他的父母也快对他失望了。但是学校有一位化学老师却发现瓦拉赫具备很好的化学实验员应有的素质，于是他向学校说他愿意接收瓦拉赫。经过一段时间的接触后，化学老师发现瓦拉赫做事既耐心又专一，并且一丝不苟。而瓦拉赫改学化学后，终于找到了自己的爱好，也提升了自己的兴趣。学习化学时，瓦拉赫显得如饥似渴，也正因如此，他的潜能被挖掘出来了。他的身上迸发出了智慧的火花，散发出耀眼的光芒。他从一只"丑小鸭"终于变成了一只"白天鹅"，并且在十几年后瓦拉赫还获得了诺贝尔化学奖。

尺有所短，寸有所长。和奥托·瓦拉赫一样，所有人身上都有着属于自己的特点。我们必须要客观审视自己，清楚了解自己的长处，也要知道自己的短板所在，这样才能策划出最便捷的成为领袖之路。一个人的成功不取决于自己的外部条件有多好，而取决于你是否认清了自己的特点，是否对自己给出了一个正确评价，是否给自己进行了准确的定位。

那么，怎样才能认清自己的特点呢？

1. 认识自己的爱好

人都说，兴趣是最好的老师，你的爱好是你从事一种行业的原动力，是你去刻苦、去拼搏、去奋进的基本动力。有了爱好，才能一往无前；有了爱好，才能所向披靡。如果你不爱这个行业，难免会朝三暮四，难免会心猿意马，必然不会有所建树。所以认识自己的爱好，是认识自己能力、明确自己起点的第一步。爱好往往能促成我们将一方面的能力磨砺得精益求精，所以认识我们的特点，要从我们的爱好出发。

2. 知道自己的能力所及

每个人的能力都是有限的，过高的目标不但没办法实现，反而给自己增加了太大压力，有时就会用逃避、拖延来对抗压力，最终只能半途而废，无疾而终。再有，只有知道自己能力的不足之处，才能尽可能地弥补，才能使自己有益成功的能力得到最有效的增长。

3. 明确发展方向

我们的人生就像是一架钢琴，人生虽然有限，但是弹奏出的音符却是无限的，如果我们不确定我们适合哪种风格的乐曲，胡乱地弹奏，只能无端地损耗我们的精力、我们的时间。

认清自己的特点，就好像多了一双睿智的眼睛，时时给自己添一点远见、一点清醒、一点对现实更为透彻的体察与认知，而使自己免于做出很多日后追悔莫及的事情。古人早就说过："与其临渊羡鱼，不如退而结网。"青少年只有在认清自己的特点之后，才能有的放矢地策划出最便捷的成为领袖之路，使自己立于不败之地，并且更快更好地实现自己的理想。

资源优化组合——互相借力，同时成功

在管理学上，资源优化组合是指对不同来源、不同层次、不同结构、不同内容的资源进行识别与选择、汲取与配置、激活和有机组合，使其具有较强的柔性、条理性、系统性和价值性，并创造出新的资源，取得"1+1 > 2"的效果的过程，简单地说，就是通过互相借力实现资源的积极组合，从而获得整体利益的最大化、最优化。

常言道：一个篱笆三个桩，一个好汉三个帮，这是人们从古至今的生活中得出的经验。要想成就一番大事业，必须依靠大家的共同努力。古诗有云："好风凭借力，送我上青云。"人与人之间需要相互借力，才能够取长补短，互相提高。

美国自由党领袖大卫·史提尔说："合作是一切团队繁荣的根本。"

我们时常看到大雁排成"一"字形或"人"字形。许多人感到好奇，大雁为何要整齐地排列呢？其实它们之所以采用"一"字斜线或"人"字形飞行，是它们在长期的飞行过程中形成的最省力的群体飞翔形式。当雁群以上面的形式飞行时，后一只大雁的一翼，能够借助前一只大雁鼓翼时所产生的空气动力，使自己飞行省力。当飞行了一段时间、一段距离后，大雁们便会左右交换位置，使另一侧羽翼也能够借助空气来缓解疲劳。因为大雁既具有惊人的个体飞翔能力，又具有令人叹服的合作精神，所以，它们的两翼似乎有了灵性，使它们能轻松自如地飞翔。

大雁给我们的启示是：走合作的道路，相互借力，就没有去不了的地方，就没有达不到的目标。

古今中外的大成者，无一不是博采众长、相互借力，才逐渐发展壮大的。比如：李嘉诚的旗下有许多人才，借助这些人才的力量，使他的企业不断发展壮大；蒙牛乳业麾下有一个力量强大的"智囊团"，这些成员都相互借力，使得企业持续发展。可见，人与人之间只有相互借力，才能生存发展。在一个团队中，许多事情需要其他部门、其他同事的配合才可以完成。在专业分工越来越细的当今，几乎没有一件工作是不需要别人帮忙而独立完成的，大多数人只是做某个环节而已。比如，一家公司要举办销售活动，就需要企业的策划部拿出活动方案，而进行活动时，又需要后勤部配合，接待来宾、做好到场人员的宣传工作，这些是仅靠一个人的力量办不到的。

有一个耳熟能详的小故事。

三只老鼠结伴去偷油喝。它们兴冲冲地跑到油缸边一看，不由得十分失望。油缸里只有一点点的油，还在缸底，只够一只老鼠喝饱肚子。由于缸身太高，谁也喝不到。于是这三只聪明的老鼠想了一个办法。一只老鼠咬着另一只老鼠的尾巴，吊下去让第一只老鼠去喝，第一只喝一点后上来，再吊第二只下去喝……并且彼此发誓，谁也不许存半点私心多喝，更不能独吞。

第一只老鼠最先被吊下去喝，它想，油只有这么一点点，今天算我幸运，可以喝个饱，于是就放开口大喝起来。第二只老鼠想，下面的油是有限的，等它喝完了上来，我还有什么可以喝呢？还是放了它，我自己下去喝。第三只老鼠在上面想，油很少，等他俩喝完了，还有我的份吗？不如早点放了他们，自己跳下去喝吧。于是第二只老鼠放了第一只的尾巴，第三只老鼠放了第二只的尾巴，三只老鼠都只管自己抢先跳下去喝起来。结果喝完后才发现，它们都落在了缸底，谁也出不去了，最后大家都变成了死老鼠。

"老鼠偷油"的故事很容易让人想到人类的"囚徒困境"：身处困境中的囚徒，如果每人只为自己的利益着想，他不仅不会得到预期中的最大利益，反而会成为对方自私的牺牲品。你希望别人如何对待你，那你首先就要如你希望的那样对待别人，只有这样才能让自己和别人一起都得到善待，获得双赢的最佳效果。每个人都有自私的欲望，都有追求自身利益最大化的取向，尤其在资源稀缺的条件下，人都会有独占资源的欲望，这本身无可厚非。但是如果缺乏在利益和危机面前与他人、与团队共享利益、共担风险的心态，如果只顾眼前的短期利益和自己的私利，不顾长远利益和团队的整体利益，必然陷入囚徒困境而两败俱伤。

心理学家认为：假使一个人在小时候未曾学会借力之道，他必定会走向孤僻之途，并产生牢固的自卑情绪，严重影响他一生的发展。可见，孩子学会借力是多么重要。借力能力是孩子在未来适应社会、立足社会不可缺少的重要因素。然而，当今孩子的合作能力是不容乐观的。现在的孩子多数是独生子女，是家里的"小皇帝"，被一家两代甚至是三代人宠着。过度的呵护与溺爱，让很多孩子做事往往以自我为中心，唯我独尊，缺乏团结协作的精神。这都是现在孩子心理素质上的弱点，很容易形成自私、固执等不良个性，并成为他们成长的绊脚石，影响其情商的发展成熟。

因此，父母应在日常生活中培养孩子的借力与合作精神，把家庭当做一个团队，把家庭中的日常生活当做团队活动。父母可以让孩子在家庭的日常活动中担任一定的角色，让孩子体现自己的价值，让他明白，无论是做家务还是其他活动，团队中的每一个人都是非常重要的。通过团体游戏激发孩子借力的意识，他们就会表现出互相配合与积极协商的态度。游戏一旦获胜，他们就能充分体验到合作带来的成功感和乐趣，也会进一步激发他们合作的积极性与良性竞争的意识。

父母在帮助孩子进行团体游戏训练的时候，也不要忘记提升他的良性竞争意识。因为，当今的社会是一个充满竞争的社会，我们以及我们的下一代，在未来社会中都将面临更加激烈的竞争与挑战。因此，从小培养孩子的良性竞争意识十分必要。良性竞争能够推动双方的共同进步，而与良性竞争相对的是恶性竞争。面对恶性竞争时，竞争者往往怀着一种"羡慕嫉妒恨"的心态，恨不得将对方彻底打败。因为竞争时带着这种不良情绪，恶性竞争者往往会使用非常规的竞争手段，甚至做出违背道德法律的过激行为，最终只能是害人害己。我们提倡培养孩子的良性竞争意识，绝不能让孩子产生恶性竞争意识。

一位韩国管理者讲过一个新编"龟兔赛跑"的故事：

龟兔赛跑开始后，兔子中途睡着了，乌龟爬了好半天，才赶上兔子。

它看到熟睡的兔子后十分高兴，便向前冲了过去。但是，突然它意识到自己是在利用别人的错误。于是它返回头，将兔子叫醒，兔子感到很惭愧，背起乌龟一起冲到终点。

这个"龟兔赛跑"的故事，正是韩国公司提倡的精神，即将借力放在重要的位置。即使是竞争对手，也要相互扶持，共同前进。做好这一点，团队就会齐心协力，成为一个强大的集体。

古人说得好："下智者用己之力，中智者用人之力，上智者用人之智。"单靠一个人的脑袋孤军奋战，再怎么聪明也没有合几人之智来得快。再说，个人的力量毕竟有限，当你有效融入团体中，进行资源优化组合，互相借力，那么，大家就能同创双赢局面，同时走向成功殿堂。

倘若可以四两拨千斤，就不必费九牛二虎之力

中国的太极拳是中国的国粹，是中华文明的瑰宝，其中蕴含着深刻的传统文化，特别是道家文化的精髓，为世界各国人民所景慕。其中有一个招式叫"四两拨千斤"，是一个奇妙的绝招。不仅在健身习武中，在做人、做事等各个方面中，这招也具有无形的神力，可以以小制大，以巧取胜，用最小的力量达到最佳的效果。"四两拨千斤"所运用的，实际上也就是把复杂问题简单化的智慧。

在人生的战场，要想取得胜利，光有匹夫之勇，横冲直撞不行，还得有运筹帷幄，决胜千里的雄韬大略。有时，一个颇有四两拨千斤之妙的小小智谋抵得上雄兵百万，这时就大可不必费九牛二虎之力劳民伤财了。

世界著名的广告大师大卫·奥格威为海夏威衬衣策划的全国性广告活动，仅以3万美元的预算就打败了预算200万美元的箭牌衬衫的广告，当时箭牌衬衫已经是全国名牌产品，而且扬·罗必凯为它创造了被称之为经典的广告，但是大卫·奥格威选用了一个强有力的创意：一个戴黑眼罩的黑人身穿海夏威衬衫。在制作广告时，大卫·奥格威在去摄影棚的路上，才花几美元买了个眼罩。大卫·奥格威事后说："迄今为止，以这样快的速度，这样低的广告预算建立起一个全国性的品牌，这还是绝无仅有的一例。"

在推销史上，吉拉德更是一位善于采用"以四两拨千斤"的促销专家。他独到巧妙的促销法被广为传诵。

吉拉德认为自己认识的人都是潜在的客户，对这些人，他每年都要寄出12封信，每次采用不同的色彩及投寄方式，在信封上也避免使用与其他行业相关的名称。

元月，在信函上展现精美的喜庆氛围图案，配以"恭贺新禧"几个大字，下面是署名"雪佛兰轿车乔·吉拉德"。即使遇上大买卖，也绝不提"买卖"二字。

2月，"祝你享受快乐的情人节"，下面是简单的署名。

3月，写的是"祝你圣巴特利库节日快乐！"圣巴特利库节是爱尔兰人的节日，也许你是波兰人或捷克人，这无关紧要，关键是祝愿。

然后是4月、5月、6月……

不要小看这几张印刷品，它的广告效益丝毫不亚于费九牛二虎之力、成本上百万的大广告，以这种温馨的方式做广告，当然容易被客户接受，自然会带来源源不断的订单。

如何做到四两拨千斤呢？通常而言，首先要有因势利导的思维，懂得顺应事物的趋势使效果最大化。

上古时洪水淹没大地，舜帝命鲧治理水患。可鲧采取水来土挡的办法，结果无功而返。后来禹承父志，潜心治水，但采取因势利导的办法，疏通江河，让滚滚洪流汇入四海，从此山川定位，百姓安居乐业。

夏禹善于因势利导的思维方式，可谓值得每一个人学习借鉴。善于因势利导的人往往能用较少的付出达到较好的结果，因而他们大多都能成功。

此外，因势利导还可理解为借外部力量或对手的力量为己所用，从而达到自己的目的。正如兵法所说，硬拼只能"杀敌一千，自损八百"，不如通过四两拨千斤的方法来将敌对力量化解于无形之中。对于一个人来说，最明智的办法就是利用别人的力量来获得成功。也就是在生活或工作中拼搏时，不妨寻求一下外力，借助他人的资本、经验或是才华、构想、时间等来帮助自己，从而加大自己的力量，发挥更大的作用力，产生更加出乎意料的好结果。

有一年，美国著名的麦凯公司要建一座新厂房，当时它还是一家小公司，新厂房需要25万美元，公司手头只有17.5万美元。他们找银行寻求帮助，因为公司规模小没有可以抵押的资产，银行不肯贷款给他们。厂房必须建，可资金到哪里去弄？厂房不能如期完工，公司损失就会很大，最主要的是将影响公司的长远利益。公司老板哈威·麦凯伤透了脑筋。

后来他终于想出了一个新办法。他找到一个建筑商，对他说："我保证如果你以 17.5 万美元替我把厂房盖好，我会成为你最好的业务员，在未来五年之内，我会充分运用各种人际关系，替你找到最少五桩大生意。我有不少朋友正处在类似于我的扩展阶段，我是他们中间首先行动的人，他们冷眼旁观，希望我为他们探路摸索，好省下他们的资金和精力，得到现成的经验教训。所以，等我盖好厂房后，他们会对我言听计从。你想想五桩生意可比我这一件好多了。"刚开始，建筑商并没有信他的话，后来麦凯找来几个自己的同行，他们证实了麦凯所说的是事实。建筑商也从侧面打听到麦凯公司的确是一家很讲信誉的公司。于是同意了麦凯的请求，但还是讨价还价。首先，他们要收 20 万美元；其次，要麦凯先替他找好两桩生意，麦凯想想也只好如此，再说筹借 2.5 万美元也是一件容易的事，于是双方达成了协议。

困难之中，麦凯想出了解决困难的办法，这一办法使麦凯公司节省了5 万美元资金，厂房如期完工。麦凯公司的经济状况也慢慢好了起来。

在投资运营中，常常会出现资金短缺的问题。这个时候除了借助于银行贷款和他人帮助之外，还可以从自己的合作方入手，寻找有力援助。从对方的利益出发，实行利益交换，常常能解燃眉之急。

阿基米德说过："给我一个支点，我可以撬起整个地球。"一个人的力量是弱小的，要想达到四两拨千斤，必须借用别人的力量作为成功的支点，才能让自己变得强大，才有改造世界成就未来的动力。善用外力的人往往最先得到胜利。善于借支点以拨千斤，成为出色的领袖不是难事。

跟对人，做对事，走对路子

在个人成长的路上，总有许多人感叹自己的命运多舛、经历坎坷、诸事不顺，也总有许多人看不清正确的方向、找不到正确的方法、走不通正确的道路，于是与机遇失之交臂，对成功望尘莫及。要想改变命运，我们需要成功三要素——跟对人，做对事，走对路子。

跟人是一门高超的艺术，是基于美好愿景的积极主动的人生选择。跟对人，很可能你的人生就此改变，少走很多弯路，甚至绕开致命的失败。有道是：上马的时候有人扶，摔倒了有人掺，落水时有人向你抛救生圈。没有跟对人，你的人生道路将艰辛曲折得多，不仅浪费精力、时间和金钱，还会消磨你的信心和耐心，使你离自己最初的理想越来越远。而你所失去的将永远无法追回，你一辈子的努力可能赶不上人家几年的进步。

正所谓"近朱者赤，近墨者黑"，与见多识广的人在一起，你也会变得眼界开阔；与谄媚奉承的人在一起，你会渐渐习惯于拍马屁时的坦然；与成功的人在一起，你会不自觉地充实自己、完善自己。在现实生活中，很多原本不具备成功潜质的人最后之所以取得了成功，跟对了人就是其中一大原因。

真正能成大事的人，当你真正有机会走近他的时候，他会有一个强大的吸引力将你吸引过去。如果你有机会遇到这样的人，不管他当时处于什么样的地位和环境，你都要盯紧他，适时地给予他帮助，该出手时就出手，总有一天你会发现这个金子不论在土里埋多久，都会发出耀眼的光。

有个年轻人请教一位德高望重的智者："我怎样才能像李嘉诚那样成功呢？"智者告诉他："有三个秘诀：第一个是帮成功者做事；第二个是与成功者共事；第三个是请成功者为你做事。"很显然，对我们大多数人来说，这三个秘诀里最现实的还是第一个——帮成功者做事。跟对人是成功的第一步。与高手对弈虽败犹荣，与他们在一起每一天都会有无穷尽的收获，他的成长也是你的成长，与君共繁荣，与君共富贵，与君登高望世界……只要你有机会与巨人站在一起，你就成功了一半。但是前提是，你必须要有独到的眼界和胸怀，其实能和巨人走到一起的人也非一般人，当你把自己炼到火眼金睛的时候，你也是一个火球，也是一个魅力四射的强者。

（一）跟对人是成功的基础，做对事是成功的过程

在学习和工作中，如果要获得成功，最大化地体现自己的人生价值，就要勤于思考，做对事。只要你能够习惯思考，用正确的方法去做事，你一定会发现，问题的答案就在你的面前，你也能从中收获更多的快乐、自信与成功！怎样才是正确的方法，才能做对事呢？

（1）想成为一个卓有成效解决问题的人，就必须学习，真正学习到一些有用的方法，这样才能够做对事，成为我们所希望的人。

（2）第一次就把事情做好，是进步的第一步。所谓"第一次就把事情做好"，简单地讲，就是第一次就把事情做得符合要求。

无论是工作还是生活，最没有效率、最浪费资源的事情就是一件事情开始没有做好，被推倒重来。每个人一生当中都会犯很多这样的错误，有的是不起眼的小错误，有的则是影响全局的大错误，不管错误大小，我们都要为之付出代价。

第一次就把事情做好，不仅可以有效地减少做错工作所带来的成本损失，还可以有效地避免时间的浪费，提高工作效率，保障工作成果。

（3）管理好自己的时间。人们的时间和精力是有限的。如果没有一个良好的时间管理方法，人们面对突然涌来的大量事务时就会变得手足无措。面对错综复杂的事务，要想应付自如，得心应手，就需要你根据自己的计划和目标，科学地管理好自己的时间。

（4）分清轻重缓急，设定优先顺序。古人云："事有先后，用有缓急。"任何事情都有轻重缓急之分。重要性最高的事情应该优先处理，而不应将其和重要性最低的事情混为一谈。对于那些零散琐碎的事务，我们则可以先把它们按照"急重轻缓"的顺序归类整理，然后再着手处理。如此，你的工作才会变得井井有条，简约有效。

（5）一次只做一件事。就是指做事时要专心致志、全神贯注，不受任何内心欲望和外界诱惑的干扰，对既定的方向和目标不离不弃，执着如一，不懈地努力。这样，精力便能够集中，收益也必然会增多。等这件事做完后，再去做下一件事，那么每件事就都能够做得很好了。

（6）小细节成就大完美。成功人生，往往就从小事开始。点滴的小事之中蕴藏着丰富的机遇，不要因为它仅仅是一件小事就不去做。立大志、干大事的精神固然可嘉，但只有脚踏实地从小事做起，从点滴做起，心思细致，注意抓住细节，才能养成做大事所需要的严密周到的作风。

（二）走对路子是成功的方向

在茫茫人潮中，很多人不知道何去何从，不知道自己想要的是什么，也不知道自己能够得到什么。想做点什么，又担心失败；有信心做好的事情，却没有机会一展所长；身边很多朋友都考研了，看着自己的本科或者专科学历，害怕被"学历"淘汰，于是跟着朋友走进了考研的大军……遇到的问题越多，越是感到迷茫，不知如何是好。所以，他习惯了将目光锁定在眼下的状况上，走一步算一步，过一天算一天，没有一个确定的方向，也不知道自己将要去哪里。

殊不知，青少年时期如果你没有找对自己的方向，那么以后就只会离自己最初的理想越来越远，最终湮没在社会滚滚的人潮中。

人生就像跑步，如果方向对了，即使跑得慢也能走对路，并一步一步抵达目的地；可是，如果方向错了，不仅白忙一场，还可能离目的地越来越远。

既然方向对于我们如此重要，那么，如何走对路子就成了我们必须面对的难题。

（1）别人的意见只是参考。你要注意倾听自己内心真正的声音。其实，每一个给你提出意见的人，都带有一定的自我心理倾向，他会在不自觉中想要将他的想法强加给你，或者对你有一定的精神依托。所以，在寻找人生方向的时候，一定要首先考虑自己喜欢的是什么。只有做自己真正喜欢的事情，才会有激情，才能在追求理想的过程中感受到幸福和快乐，而不是一想到自己所做的事情，心里就非常抵触，感觉头痛。

（2）你的人生方向必须要具体。必须是具体的，才具有可行性。

（3）方向的定位要适当。在进行人生定位时，一定要量力而为，找到最适合自己的，而不是任由欲望支配，始终活在无法实现梦想的痛苦中。如果定位错误，所做的努力也只会是走向相反的方向，这只会使自己离当初的目的地越来越远。

你跟什么样的人一起成长，也就选择了什么样的生活。你怎样做事，也就选择了什么样的成果。你走上什么样的路，也就选择了什么样的未来。

跟对人，做对事，走对路子，是实现理想的三要素。对于青少年来说，跟对人是最重要的；只有跟对了人，才能知道怎样做对事，才能走对路子。

当然，仅仅跟对人，是不够的。每个人的兴趣、爱好、性别、天赋都各有不同，还需要根据自己的情况找到适合自己的方向，找到解决问题的正确方法。如此，你自会拥有理想之园的大丰收。

总结自己的经验，吸取别人的经验

人们往往认为，训练孩子一定的逻辑思维能力，帮助孩子掌握一定的技巧，是培养孩子解决问题能力的关键因素。那么，为什么有的人即使掌握了一些技巧，在遇到事情的时候却仍然不会运用技巧去解决问题呢？可见，光有技巧是远远不够的，还需要一定的经验。现在，已经有越来越多的证据表明，一个人的社会经历和对问题的熟悉程度才是解决问题能力的关键。所以，心理学家斯特芬尼·桑顿提出，孩子是否能成功地解决问题，更多地取决于他们的经验而非聪明程度。

在这方面，一位聪明母亲的做法可以带给我们很多的思索和启示。

威尔逊要到山里参加为期两天的野营。学校向他们介绍了营地的情况，为他们的准备工作提出了建议。妈妈问威尔逊是否需要帮忙，威尔逊说自己能够照顾自己。在他出发以前，妈妈检查了他的行李，发现他没有带足够的衣服——因为山里要比平原冷得多，显然威尔逊忽视了这一点。妈妈还发现他也没有带手电筒——这是野营时经常需要带的东西，但是妈妈并没有给他更多的提示。威尔逊高兴地走了。

过了两天，等他回来时，妈妈问："怎么样，这次玩得开心吗？"

威尔逊说："我的衣服带得太少了，而且由于我没有带手电筒，每天晚上都要向别人借，这两件事搞得我好狼狈。"

妈妈说："为什么衣服带少了呢？"

"我认为那里的天气会和这里一样，所以只带了平常穿的衣服，没有想到山里会那么冷！下次再去，我就知道该怎么做了。"

"下次如果你去佛罗里达，也带同样的衣服吗？"

"不会的，因为佛罗里达很热。"

"是的，你应该先了解一下当地的天气情况，再作决定，是吗？那么，手电筒是怎么一回事呢？"

"我想到要带手电筒，可我忙来忙去，最后把手电筒给忘了。我想，下次野营时我应该先列一个单子，就像爸爸出差时列的单子一样，这样就不会忘记东西了。"

这位妈妈的做法就是给孩子一个机会，让他在尝试中获得经验，运用已有的经验解决问题。这种经验对于孩子来说，可能是成功的，也可能是失败的，但这些经验却会是他的无形财富，在他未来的生活中起到极为重要的作用。因此，我们的家长如果要锻炼孩子解决问题的能力，就应该多给孩子体验的机会，并让他们总结自己的经验去面对各种问题，时间长了，机会多了，他们就学会了解决问题的方法。

正如毛主席所说的一句至理名言："一切真知都是从直接经验发源的。"任何成功都要靠自己的努力，要勤勤恳恳、一步一个脚印地前进，端正态度，认真对待生活中的挫折和失败。失败并不可怕，可怕的是对自己丧失了信心，从此一蹶不振。其实，只要我们认真思考，冷静分析，善于总结自己的经验，并不断朝着自己的目标努力，对自己充满信心，我们就一定会取得成功。

很多孩子之所以胆子小，主要是因为没有足够的经验，锻炼得太少。由于家庭中爸爸妈妈喜欢包办孩子的事情，孩子动手的机会不多，所以孩子往往怯于面对生活中的问题。因此，为了让孩子在生活中积极主动地解决问题，一定要鼓励孩子多经历，多尝试，多积累经验，并通过总结经验来处理好生活中存在的各种问题。

但是，只有这些是不够的，我们还要善于从别人的经验中学习，这样，才能避免在以后的道路上犯类似的错误，并且可以更好地规划自己的人生，吸取到一些对自己有用的东西，取得属于自己的辉煌！

巴菲特是世界上最富有的投资商，拥有亿万资产。巴菲特在大学四年级的时候，读了一本杰明·格雷厄姆著的《聪明的投资者》。对于巴菲特来说，那是一本非常重要的书。当巴菲特知道格雷厄姆在哥伦比亚大学执教的时候，他便打定主意要投身到他的门下学习。

毕业之后，巴菲特果真到本杰明·格雷厄姆的投资公司应聘工作，却遭到了本杰明·格雷厄姆的拒绝，但是巴菲特并没有放弃，他一再去请求本杰明·格雷厄姆能够给他一个机会，他甚至可以不要工资。

最后，本杰明·格雷厄姆答应了，但是有一个条件，就是要等3年之后才能聘用他。然后，在接下来的2年时间里，巴菲特一直跟着本杰明·格雷厄姆学习。

25岁的时候，巴菲特回到了他的家乡——内布拉斯加州的奥马哈。他在7位投资人的支持下，创建了巴菲特投资公司。当时，巴菲特仅仅投入100美元。但是，5年之内，巴菲特就成了百万富翁，并从此逐步成长，最后成为历史上最著名的股票投资人。

试想一下，如果巴菲特没有机会向本杰明·格雷厄姆学习，他可能不会那么快就取得成功。就因为他从本杰明·格雷厄姆那里学习了很多经验，才促使他走向成功的道路。由此可见，善于吸取别人的经验能够发挥重要的作用，促使人们更快地走向成功。

有时候，我们无法学习到他人的经验。因为，他人的经验是根植在自己的实践土壤中的，不仅实践的基础和环境不同，而且还融入了自己的性格、习惯等个人色彩，那些个人色彩是其他人所学不会的。所以，我们学习他人的经验，是要学习经验的精神实质，而不是具体的做法。只要我们领会了精神实质，并付诸行动，就会朝着自己的目标奋进。

歌德说："经验是永久的生活老师。"阿富汗的谚语则云："智慧不是天公的恩赐，而是经验的结晶。"

总结自己经验、吸取别人经验的过程，就是对成功进行深入研究的过程。我们可以从经验中剖析出带有规律性的东西，使其更具有普遍性，从而让我们借此遵循，得以扬长避短，取长补短，不断提高自我，完善自我，实现自我价值。

敏锐的感知力和创新能力

人们习惯上把感知力叫做观察力。实际上，人们对事物的观察和感知是紧紧联系在一起的。"感知"是简单的"感觉"和较复杂的"知觉"的统称。观察仅仅是最初步的现象审视，而没有涉及人的具体的思维过程，所以，应该在观察的基础上，上升为人的知觉能力，也就是对事物的感悟认知能力，这才真正进入到人的思维领域。

对事物的观察多是从形象思维入手，进而发展到人们的抽象思维。所以说真正对客观事物的审视能力，是感知力，而不是观察力。

感知力是人们通过大脑对感知器官中的视觉、听觉、嗅觉、味觉、触觉进行调控，在意识、计划、目的支配下，展开对事物的感悟认知能力。

感知力是对事物初步认识的必要前提，它在智力结构中处于收集、处理信息的初级阶段，但它却是智力活动得以进行的基本保证。也就是说没有感知力，就没有智力活动。

例如：印度狼孩是很多人都知道的故事，从小他离开人群，落入狼群，与狼为伍，直到6岁时才被人们带到文明社会。他长期与狼在一起不能说他没能观察，而是天天观察，但这种观察是最初的形态，并没有上升到理智的心理感知，所以他的智力只能停留在动物的水平上，而不能成为一个真正的"人"。

这样的观察有什么意义呢？只有在最初的观察印象基础上，加入自己的思维感知，才能上升为人的智力活动。所以说，观察力远远不够，要从观察上升到感知阶段才是真正的认知活动。

人们的智力活动，通常都是从感悟外部事物开始的，要想拥有知识，发展智力，就应该通过最初的观察去感悟和认知事物。在初步的感知中，对事物的形状、大小、颜色、声音、气味和物体的质量、质地、温度等加以了解，产生初步的认识。

我国古代鲁班发明锯就是从观察和感悟开始的。有一天他上山时手被带锯齿的草叶割破，他就留意了割破他手的草叶，人的手居然会被小小的草叶割破，从这一点想到如果把这个原理用在木工活上，就可以帮助解决锯木头的问题，于是他加以创造性的发挥，最后发明了锯。

马克思和恩格斯都非常重视观察与思考，他们对资本主义社会进行大量的观察、感知、分析与研究，最后写出了不朽的著作《资本论》。

但是感知力并不仅仅是观察，即使不能观察，其他感官的知觉能力也具备着强大的力量。

2007年11月下旬，比利时警察局聘请了六名盲人侦探，他们都是比利时警方对付恐怖活动和团伙犯罪的"新型武器"，因为他们的听觉敏锐，将会为警方监听工作提供很大的帮助。在六名盲人侦探中，有一个叫萨哈·范洛的人，当时已36岁，从事犯罪录音的监听和分析工作。虽然他双目失明，但他可以利用超乎常人的听觉，发现视力正常的侦探们无法得到的线索。范洛可以通过搭线窃听器中传来的发动机的声音，很快辨出嫌犯开的车是"标致""本田"，还是"奔驰"。在警方窃听一名嫌犯的电话时，范洛能够听清拨电话的声调，并立即确定拨打的电话号码，甚至能听出罪犯用的是手机还是座机。通过一个人说话时从墙壁传来的回声，他能够推断嫌犯是在机场候机厅还是在拥挤的餐馆。

范洛除了拥有一双灵敏的耳朵以外，他还是天生的语言学家以及训练有素的翻译，能讲包括俄语和阿拉伯语在内的七种语言，他还自学了塞尔维亚语和克罗地亚语。这与他超群的听力密不可分，因为他能辨别不同语音发音的细微差异，这样可以帮助他判断一名嫌犯到底是哪的人。这项技能使得范洛成为比利时警察局不可缺少的重要人物。

在记者采访中，范洛说，自从他双目失明后，不得不努力倾听周围的一切声响，辨别自己到底在什么地方，比如横过马路或者搭乘公共汽车。虽然嘈杂的背景声往往会使人感到迷惑，但对于一个盲人来说，他可以将嘈杂的声音分成不同的波段再加以辨别，久而久之，就练就了超乎常人的灵敏听觉。

范洛的故事告诉我们，人如果失去了视觉，其他器官是可以开发甚至代替视觉并成为生存基础的。

人的感官有无限的潜力等待我们去挖掘、去发现，只要我们有意训练自己的感官，就会发现有让我们惊叹的未知感觉。

（一）青少年应该怎样锻炼自己的感知力

（1）锻炼听觉。听不同类型、不同乐器演奏以及音量高低各异的音乐，锻炼耳朵辨别不同的声音。

（2）锻炼触觉。闭上眼睛，静下心来，用手触摸纸的表面，这是锻炼触觉的方法。你应该能感觉到宣纸的柔润，信纸的平滑，绘图纸的粗糙，纸板的僵硬。

（3）锻炼视觉。集中注意力，盯着鱼缸中游泳的鱼。用眼睛描述鱼的鱼鳞、鱼鳃、外表的颜色，注意让眼睛充分休息。比如，先用手心捂住眼睛，直到眼前一片漆黑，随后拿开手，此时世界就会变得更明亮闪耀。

（4）锻炼嗅觉。人的嗅觉具有无限潜力，加强训练，就能辨别出上千种不同的气味。比如，目前所知苹果品种有上百种，可以每天挑选一种苹果，用鼻子牢记它的香味。此外，吸烟者要尽量少吸烟或戒烟，因为吸烟会导致嗅觉接收器老化。

（5）锻炼味觉。吃饭时，一定要细嚼慢咽，同时充分感受各种调料的味道，能区分酸、甜、苦、辣、咸、麻、涩的正确感觉。

（二）如何培养青少年的创新能力

在具备了敏锐的感知力后，我们对一切事物都会有更深层次的洞察和体验，我们会更容易挖掘到事物的本质，从而把握事物的规律。不过，感知力仅仅是我们对事物的本质了解，我们还需要创新能力，才能将事物改变得更好。换言之，感知力是继承，创新力是创造；没有继承，就没有更好的创造；但仅有继承，没有创造，却也容易走入思维的桎梏，让理想难以展现生机。

一个孩子是否具有创新能力，关系到其一生的发展。创新能力是孩子智力的重要体现，有创新意识的孩子，可以更好地适应周围的环境，将自己所学到的知识运用到现实生活中。同时，创新能力是人类意识活动中一种积极的形式，是人们进行创造性活动的内在动力源泉。孩子具备了创新能力，才能发现事物的本质和内在联系，进而通过自己的分析和思考，带来新颖的、前所未有的新成果。而缺乏创造能力的孩子对周围的事物没有兴趣，缺乏好奇心和求知欲，还有内向保守、人云亦云、缺乏主见等特性，这些对孩子的成长是不利的。那么，家长应怎样具体培养孩子的创新能力呢？

（1）爱是培养孩子创新能力的不竭之源。父母不但要称赞孩子的成就，而且要在失败时给以鼓励，使孩子有信心参与到学习和各项创新活动中去。信心是通往成功的桥梁，对孩子极大的爱，但也不能溺爱。

（2）学习习惯的养成是培养孩子创新能力的基础。孩子的学习习惯不是与生俱来的，而是后天养成的。因此，对孩子良好的学习习惯的培养十分重要。而良好的学习习惯必须从小培养，家长必须一贯严格要求和监督，使孩子养成自我检查、自我监督、自我命令、自我鼓励等习惯。

（3）兴趣是培养孩子创新能力的最好老师。可以给孩子买些《幼儿智力世界》《十万个为什么》《少年百科全书》等科普书籍，让孩子对书中的科学技术方面的知识产生浓厚的兴趣。同时还可以买一些益智的玩具。如积木、魔方、智力环、七巧板、折纸书等，不断培养孩子对知识的渴求。

（4）正确的思想方法是培养孩子创新能力的有效途径。如：对称思想、辩证思想、极限思想、类比思想、发散思想、图形结合思想等。

（5）鼓励孩子多动手、多动脑。

（6）培养孩子的发散思维，是培养孩子创新能力的催化剂。

（7）通过音乐和科幻画来培养孩子的创新能力。

世界无时无刻不身处激烈变革的知识经济时代，面对日新月异的社会，敏锐的感知力和创新能力是帮助孩子走向成功的法宝，能让孩子迅速把握机遇、避开风险；能让孩子冲破旧思想的牢笼，突破自己，突破人生的困境；能让孩子无论遇到什么问题，都能够迎刃而解，逆转局面。如此，孩子才能在今后的人生中创造一个又一个奇迹。